Anne Dufourmantelle 1964 doğumlu Fransız filozof ve psikanalisttir. Felsefe doktorasını Sorbonne'da yapmış, 1998'de yayımlanan teziyle Fransız Akademisi'nin ödülünü kazanmıştır. Çeşitli dergi ve gazetelerde düzenli yazılar yazmış, yayınevlerinde editör olarak çalışmış ve akademik kurumlarda psikanaliz ve felsefe dersleri vermiştir. 2017'de iki çocuğun boğulmasına engel olmaya çalışırken hayatını kaybetmiştir. Başlıca eserleri arasında *La Sauvageriematernelle* (Annenin Yabanlığı, 2001), *En cas d'amour, psychopathologie de la vie amoureuse* (Aşkın Halleri: Aşk Hayatının Psikopatolojisi, 2009) yer almaktadır. Türkçeye çevrilen eserleriyse şunlardır: *Riske Övgü*, (Kolektif Kitap, 2021) ve Jacques Derrida'yla ortak çalışması olan *Davet: Konukseverlik Üzerine* (Metis Kitap, 2020).

YUMUŞAKLIĞIN GÜCÜ

ANNE DUFOURMANTELLE

kolektif.
kitap

Kolektif Kitap ~ 201

Yumuşaklığın Gücü

Özgün Adı: *Puissance de la douceur*

ISBN: 978-605-2205-98-3

Fransızca Aslından Çeviren: Sinan Oruç - Samet Yalçın
Yayıma Hazırlayan: Albina Ulutaşlı
Son Okuma: Cihan Kara
Sayfa Düzeni: Semih Büyükkurt
Kapak Tasarımı: Kolektif Tasarım

1. Baskı, Şubat 2023, İstanbul
Sertifika No: 51867

Baskı ve Cilt: Berdan Matbaacılık
Güven Sanayi Sitesi C Blok No: 215-216
Topkapı, İstanbul - 0212 613 11 12
Sertifika No: 45750

kolektif. kitap, bilişim ve tasarım a. ş.

Asmalı Mescit Mah. Sofyalı Sok. No: 24/A Beyoğlu / İstanbul
www.kolektifkitap.com - info@kolektifkitap.com
T: 0212 243 96 39

YUMUŞAKLIĞIN GÜCÜ

ANNE DUFOURMANTELLE

Türkçesi Sinan Oruç - Samet Yalçın

kolektif.
kitap

İçindekiler

Maud'ya İthafen

Önsöz: Tüylü Felsefe

Catherine Malabou

Bir felsefe kitabının konu ettiği meselenin tavrını takındığı çok nadiren görülür: Maddeyi ele alırken töze, yüzeyi ele alırken geometriye dönüşmesi, hatta zamana seslenirken sabırsızlanması, gibi. *Yumuşaklığın Gücü* yumuşak bir kitap olmak gibi inanılmaz bir hünere sahip. Yumuşaklık "hakkında" yumuşaklığın kendisi "tarafından" yazılmış bir kitap; öyle ki yumuşaklık bu kitabın hem öznesi hem nesnesi olmuş.

Yumuşaklık kendi sesini bulmaya bırakılmalı, adeta kendini icat etmelidir; zira —Dufourmantelle'in açıkça gösterdiği gibi— o hiçbir zaman verili değildir. Bu da yumuşaklığın ilk olarak bir felsefe kavramı olmadığı anlamına gelir: Teknik bir tanımı yoktur. Yumuşaklık nedir? Hiçbir düşünür bu soruyu tematik biçimde ele almamıştır. Bu yüzden yumuşaklık kendi kendini ortaya çıkarmalıdır. Gelgelelim katı kavramsal kalıplar ona uymadığından, yumuşaklık ona şekil veren bir seri tablo aracılığıyla aşamalı olarak belirir. Burada sanki resim çizer gibi yazılmış bir kitapla karşılaşmanın hayranlığını yaşıyoruz. Adeta bir ressamın çizdiği bir kitaba tanıklık etmenin şaşkınlığı: Bahçeler, hayvanlar, İsa'nın doğumunu temsil eden figürlerle oynayan küçük bir kız, "kayısı renginde bir hırka", "kozalarına sarılmış kelebeklerin kanatları"... Normalde çizim resimden önce gelir. Buradaysa çizim resmin içinden çıkıyor. Yolculuk boyunca, ağır ağır; yumuşaklık şekil alıyor, var oluyor, en nihayetinde de düşünülebilir hale geliyor.

Yumuşaklığın verili olmadığını söylemek aynı zamanda onun terbiye edildiğini, doğanın kendisi yumuşak olsa da yumuşaklığın "doğal" olmadığını söylemektir. Onun bir erdem olduğunu söylemektir. Hatta okuma yolculuğumuzu tamamladığımızda yumuşaklığın etiğin zemini olduğunu bile söyleyebilir hale geliyoruz, ki bu yüzden "yumuşaklığa saldırmak akıl almaz bir suçtur."

O halde yumuşaklık neye dairdir ve bize ne söyler? Başlık her şeyi söylüyor zaten! Kitaptaki tablo-bölümler yumuşaklığın gerçekte kavramsal bir yapı ya da bir kuvvet değilse de güçlü bir mefhum olduğunu ortaya çıkarıyor.

Birçok dil ve kültürde sayısız isim ve nitelikle anılmış yumuşaklık. "Latincede *dulcis* mümkün olan tüm yumuşaklıkları belirtirken, *sauvitas* Tanrı'yı niteler." Yunancada *proates* ve *praüs* kelimeleri vardır. Vulgata bu kelimeleri *mites*, yani fakirler ve uysallar olarak çevirir. "Ne mutlu yumuşak huylu olanlara! Çünkü onlar yeryüzünü miras alacaklar," der Kitab-ı Mukaddes'in Mutluluklar bölümü. "İbrani dilinde yumuşaklık ənavah kelimesiyle ifade edilir ve alçak gönüllü, mütevazi kişiyi işaret eder". Buradan kitaptaki en güzel tablolardan biri olan Gandhi'nin şiddet karşıtı direnişi yoluyla Vedalara ilerleriz. Bu tabloda Mahatma'yı üç büyük muhatabıyla; Tolstoy, Ruskin ve Thoreau'yla sohbet ederken görürüz.

Tüm bu tabloların paylaştığı ışık, kutsalınkidir. Kutsal derken dinsel olanı kastetmiyorum. Yumuşaklık insani bir değer olmadan önce, "Tanrının bir sıfatıdır." Ancak, öğrenilebilir, elde edilebilir ve ulaşılamaz bir ilahi varlık gibi kutsanmaz. Bu zenginlikle ve beklenmedik bir bereketle dolu ışıkta —yumuşaklığın bu denli verimli olduğuna kim inanabilirdi— birçok siyasi ve ahlaki motif belirir: adalet, bağışlama, barış, cömertlik, dinleme.

Fakat yumuşaklığın karşıtı da kendini hemen gösterir. Nedir o? Cevap basit: Şiddet, savaş, suç, katliam, soykırım... Gelgelelim kitabın en şaşırtıcı iddialarından biri yumuşaklığın düşmanının yine yumuşaklık olduğudur. Sahte yumuşaklık, laubalilik, New Age adı altında pazarlanan pasiflik, dinginliğin ya da "zen" kelimesinin aşırı kullanımı. Bu yumuşaklık hissedilmez ve gerçek yumuşaklığa karşı kayıtsız tavrın bir başka ismidir sadece. "Yumuşaklık satar. Her yerde, her zaman, tüm biçimleriyle önümüze serilir. Hiçbir alakasının olmadığı bir hesaba yatırılan ekonomik argümandır yumuşaklık." Ardından da şöyle der Dufourmantelle:

> Yumuşaklık böylece sosyoekonomik denetim araçları tarafından ikiye bölünür. Maddi bakımdan budalalıkla kirletilirken, manevi bakımdan New Age

iksirine ve diğer benzer yöntemlere indirgenir. Bu yöntemler bizi bir şeyin çalışabilmesi için onları uygulamamızın yeterli olacağına ikna etme yarışındadır. Kişisel gelişim ve mutluluk arayışı kuramları her türlü olumsuzluğu, bunalımı ve korkuyu temel insan halleri olarak görmeyi reddeden bu büyük "sağlık ve mutluluk" pazarına katılırlar ve hem şimdiyi hem de geleceği felce uğratırlar. Bu bölünme, özü bakımından ürkütücüdür, zira yumuşaklığın duyulur ile düşünülür arasında kurduğu bağlantıya saldırır.

Ne kadar da ufuk açıcı bir çözümleme!

Peki bu, gerçek yumuşaklığın olumsuz şeyler de içerdiği anlamına mı geliyor? Aynen öyle ve sorunun kaynağı da tam olarak burada yatıyor: Yumuşaklığın kendine has bir diyalektiği var. Yok edici bir diyalektik değil, yumuşak olanın karanlığa gömülüp gidebilecek her bir nüansını birbiriyle çarpıştıran bir diyalektik. Eğer okşama, erotik oyunlar, çocuk bedenleri, tüyler, kedilerin karınları... ince ve yumuşaksa, ölmekte olan bir insanın son nefesini verişi de öyledir. Yaşama veda edişte yumuşaklık vardır; "kopuşta, tamamen kopma yanılsamasında", terk edişte, yasta, bırakmada.

Kitapta felsefi resmi tamamlayan tüm sanat göndermelerini burada sayabiliriz. Edebiyat, Tolstoy, Melville, Hugo (*Gülen Adam*'ın harika bir okuması), sinema (*Dolce Vita*), bizzat resim (Rembrandt, Giotto)... Her tablo zihne ve duyulara hayranlık verici bir şölendir ("sanki duyularımız çiğdi").

Peki bu tükenmez yolculuğun sonunda yumuşaklığa dair ne öğreniyoruz? (Soru tam da buydu.) Yumuşaklık tam olarak nezâket değildir; iyilik, cömertlik, şekerin (tatlı) tadı değildir; kadifenin dokusu, sakin bir ses (alçak sesli müzik, piyano) değildir; gizlilik (fark ettirmeden bırakıp gitmek) değildir. Aynı anda hepsidir ama sadece biri ya da diğeri değildir.

Bu kavramsal parıldama kendi arzusuna denktir. *Yumuşaklığın Gücü* bizi eğiten, yatıştıran, rahatsız eden, ama hepsinden önce bize bir şekilde daima, her an *dokunan* önemli bir metindir. Bu sayede okur, kırılganlığa adanmış bu kitaptan —şüpheye yer bırakmayacak şekilde— güçlenerek çıkar.

Giriş

Yumuşaklık bir muamma... Karşılamak ile vermekten müteşekkil bir ikili harekete eklenmiş, ölümle doğumun imzaladığı geçişlerin eşiğinde beliriyor. Kendi yoğunluk derecelerini taşıdığı, sembolik bir kuvvet olduğu ve şeyler ile varlıklar üzerinde dönüştürücü bir kabiliyeti bulunduğu için de bir güç.

Bir kişi, bir taş, bir düşünce, bir jest, bir renk yumuşaklık gösterebilir. Böylesi bir eşsizliğe nasıl yaklaşabiliriz? Yumuşaklık onu kavramak üzere yaklaşanlar için bir risk teşkil eder. Birçok yönden vahşi bir hayvanın baş eğmeyen asaletini taşımaktadır. Başka birkaç nadir tür için daha aynısı söylenebilir sanki: Masumiyet, cesaret, hayret ve kırılganlık; bunlar da büyük düşünce tarihinin kontrol ettiği kavramların kıyısındadırlar ve felsefe tarafından kaygılı gözlerle izlenirler. Bu ender türler örneğine rastlanmamış bir esneklik gerektirirler; çünkü ne yalnızca değer açısından tanımlanmaya ne de ortaya çıkışlarının tasvirine sığdırılmaya müsaade ederler.

Yumuşaklığın titreşim aralığını ölçüp, onu bir hassasiyet frekansına yerleştirmekle yetinmeye çalışabilirdik. Fakat o zaman onu harekete geçiren yönelim yitip gider, salt bir duygu durumuna indirgenmiş olur. Bir eylemin, bir düşüncenin, bir nesnenin "yumuşaklığını" kim hisseder? Alıcısı? Onu bahşeden kişi? Tanıksız veya müellifsiz mi çıkmaktadır ortaya? Sükûnet, keyif, incelik ruhsal olduğu kadar fiziksel güzelliklerdir. İdealin semalarında yüzer gibi görünen kavramın birçok paradoksundan biri de budur zaten; gücünü açığa çıkarabilmesinin yegâne nedeni aynı zamanda duyusal olmasıdır.

Yumuşaklık şiddeti kışkırtır; çünkü otoriteye, üzerine basabileceği bir zemin sunmaz. Dostoyevski, Melville, Hugo, Flaubert veya *Efendi ve Uşak*'ın Tolstoy'u onu adaletsizliğe karşı koyan ele geçmez güç olarak kullanırlar. Hatta o kadar ki, yumuşaklığın bedene girmiş hali insanlar tarafından kınanır. Prens Mişkin'den Hamsun'un serserilerine, o masum olarak adlandırılanlar kendilerini avareliğe ve yalnızlığa mahkûm eden bir yumuşaklık taşıdıklarını bilmezler. Yumuşaklığın iyilik ve güzellikle bitişikliği onu toplum için tehlikeli kılar; toplum asla birey ile mutlak arasında bir ilişki olduğu zamanki kadar tehdit altında değildir.

Bazı dövüş sanatlarında olduğu gibi sembolik düzende de yumuşaklık, kötülüğü diğer herhangi bir karşılıktan daha iyi geri püskürtüp yenebilir. Ne hiçbir şey yumuşaklığı zorlayabilir ne de başkaları yumuşaklığa zorlanabilir. Günümüzde yumuşaklık bize sulandırılmış bir aşırı duygusallık biçimi altında satılmaktadır. Çağımız onu çocuksulaştırarak inkâr etmektedir. İnceliğinin yüksek talepleri de işte böylece, artık onunla savaşarak değil, onu zayıflatarak aşılmak isteniyor. Bu şekilde bizzat dil saptırılmıştır. Toplumumuz "yumuşakça" ezdiği insanlar için uygun bulduğu şeyi en yüksek değerler adına yapacaktır: Mutluluk, hakikat, güvenlik.

Aşk ve neşenin yumuşaklıkla temel bir yakınlığı varsa, bunun nedeni çocukluğun muammayı içinde barındırması mıdır? Yumuşaklık, çocuklukla doğal bir ortaklığı, ama aynı zamanda bir gücü de paylaşır. Yumuşaklık asla tam olarak geri dönemeyeceğimiz biçimde şaşırtan gizli bir astar, kendi sırrını içeren bir mekânda hayalin gerçekle birleştiği yerdir.

Yaklaşım

Yumuşaklığın ve inceliğin kaynağını çok düşündüm,
fakat hiçbir yanıt bulamadım. Hâlâ da
hiçbir şey bilmiyorum.
Gottfried Benn

Latincede *dulcis* mümkün tüm yumuşaklıkları ifade ederken, *suavitas* Tanrı'yı betimler. Hatta, Ren mistisizmi hiçlikte eşsiz bir yumuşaklık bulmaya kadar vardırır işi. Fakat felsefe yumuşaklığı bu şekilde ele almaz. Bir kavram ya da tek başına bir uygulama değildir o; tanınmaya ihtiyacı olduğu doğrudur ama yargılara boyun eğmez. Görünürdeki sadeliği yanıltıcıdır. Yine de eşsizliği ezelden beri teyit edilmektedir. Yumuşaklık olağanüstü bir sembolik direniş kuvvetine dönüşebilen etkin bir edilgenliktir ve bu bakımdan aynı anda hem etiğin hem de politikanın merkezine oturur. Ayrıca, gelişimi binlerce yıl sürmüş bir yaşam biçimidir. Zarafet, bilindiği üzere hem zalimlikten hem yumuşaklıktan beslenmiştir. Biri olmadan diğerine sahip bir kültür yoktur.

Yumuşaklık endişe vericidir. Onu arzularız ama kabul edilebilir de değildir. Yumuşak olanlar hakir görülmedikleri zamanlarda ya eziyet görürler ya da kutsanırlar. Onları terk ederiz, zira bir güç olarak yumuşaklık aslında bize kendi zayıflığımızı gösterir. Edebiyat bunun unutulmaz örnekleriyle dolu: Billy Budd[1] başta olmak üzere, "Saf bir Yürek"teki[2] hizmetçi, genç Mohune[3] ve daha niceleri... Çoğunun sonu bir akıl hastanesinde, hapishanede ya da mezarda biter. Yumuşaklıklarındaki tuhaflık skandal yaratır.

Peki varoluştaki, hafızadaki ve varlıkların kırılganlıklarındaki yumuşaklık yoksunluğu nasıl anlaşılabilir? Gerçekten algılanıp algılanmadığını dahi bilmediğim bu eksiklik neredeyse işitilmez olmuş ve toplum tarafından dayatılan ve giderek daha da yaygınlaşan bir normdaki boşlukta ortaya çıkıyor. Demokrasi ve özgürlük iddiasındaki bu toplumun tüketim mantığı, hiçbir "ruh haline" müsaade etmeyen ekonomisinde, şeyleri bütünüyle aynılaştırıyor.

Yumuşaklık yaşam veren —antiklerin haklı olarak [potansiyel] güç dedikleri şeyle bağlantılı— gizli bir dö-

---

1. *Billy Budd*, Amerikalı yazar Herman Melville'in 1891'deki ölümünden otuz yıl sonra yayımlanan klasik eseri. –yhn

2. *Saf bir Yürek*, Gustave Flaubert, çev. Sami Rıfat, Can Yayınları, 9. Baskı, Haziran 2022. –yhn

3. Britanyalı yazar John Meade Faulkner tarafından 1898'de yazılmış olan macera romanı *Moonfleet*'te geçen karakterlerinden biri. –yhn

nüşüm kuvvetidir. O olmadan yaşamın kendi oluşuna doğru ilerlemesi mümkün değildir. Yaşamın başkalaşma gücünün yumuşaklıkta sürdürüldüğünü düşünüyorum. Embriyo yeni doğmuş bir bebeğe, koza kelebeğe, alelade bir taş Kyoto bahçelerinde kutsal bir yere dikilmiş bir mezar taşına dönüştüğünde, orada, asgari bir yumuşaklık görüyorum. Bana içini dökenleri dinlerken, her kişisel deneyimde yumuşaklığı duydum. Onun direniş kuvvetini ve ele gelmez sihrini "aktarım" dediğimiz gizemde hissettim. Yumuşaklığı, şüphesiz, her şeyle kurduğum duyusal ilişkide bir çocuk gibi algıladım.

Yumuşaklık bedeni çağırır; diğer bir deyişle, bir beden fikrini aynı anda hem somutlar hem soyutlar. Gaddarlığın, bebeği koruyan rahim sıvısına temas ettiğinde çözüneceğini hayal edebiliriz ama her zaman böyle olmaz. Yalnızca insan türüne has değildir yumuşaklık. Sonsuz menzili canlılar aleminin ötesine uzanan bir niteliktir.

Kökenler

Yaşam yumuşaklığı daha başından verir bize. Onu kaynağında yakalayacağımıza inanır —sesler çıkararak uyuyan bir çocukta, annesinin memesinden emdiği sütün yumuşak tadında, teskin edici seslerde, ninnilerde, okşamalarda— başka yerde keşfederiz; bir hayvanın hareketinde, yaz vakti düşen karanlığın ağırlığında, ateşkeste, bakışların buluşmasında... Ölüm döşeğindekilerin başucunda onu tanırız: ıstıraplarını arşınlayan heyecansız bakışlarındadır, fakat orada bile yakalatmaz kendini. Sevgililerin ateşini yatıştırmaya ve son bir nefesle cellada karşı koymaya gelir, ki o son nefes karşısında yapabileceği hiçbir şey yoktur celladın.

Yumuşak eylemler icra ederiz. Yumuşaklık gösteririz. Hayatın sonunu, başlangıcını yumuşatırız. Yumuşaklık, sadeliğiyle bir gizemdir. O kendi aşikârlığını fark etmeye gelir. Veren ve alan olmasıyla, düşünceye olduğu kadar okşamaya aittir.

Temel olarak bir varlık vasfı mıdır? Bir tecrübe? Bir etik? Bir yalan? Günün birinde yumuşaklığın yerini saptayabilecek ilkel bir duyumsama var mıdır?

Yaşayan hafızanın çok ötesinden gelerek, çocuk ve annenin bir olduğu, bedenlerin birbirine karıştığı yerde yumuşaklık kayıp bir cenneti çağrıştırır. Belki bir gündoğumu olabilecek bir *ilk* önce. Fakat şiddet, terör, cinayet başlangıçtan beri zaten var olmuş olacaktır. Nefreti alevlendiren rekabet ve taklitçilik; ihanet etmeyen bir söz ve en incelikli zulümlere başvurmayan bir medeniyet yok. Cennet, kökene kıyasla ölçüldüğü için kaybedilmiştir zaten ve bu gözlem yalnızca melankoliye dair değildir. Yaşamak, aynı zamanda bir yanılsama olan bu kayıp tutkusundan çekilip alınmış bir zaferdir. Destanların, hikâyelerin, mitlerin anıp durduğu şu kayıp tutkusundan... Bu kayıp cennete izin vermeme cesaretini göstermeliyiz; çünkü korkunç bir hatadır bu, bütün müstakbel kinlere kapı açacak, kurban etmeyi meşru kılacaktır!

Yumuşaklık ayrılıktan *sonra* da gelir; o ilk nefesin keskin acısından sonra da, açlıktan sonra da, kaygıdan sonra da, gözyaşından sonra da.

Allak bulak eden, barış getiren, tehlikeli... O, sınırlarda belirir. Öte yanda, eşiği bir kereliğine aşar. Boştan, doludan, mekândan, zamandan, gökyüzünden, yeryüzünden gelip işaretlerin arasına izinsiz girer; ölüm ile yaşam arasına, başlangıç ile son arasına.... Eşlik ettiği nezaket, koruma ve şefkat hislerinden ayrıştırılamaz. Sınırlandırılmıştır; çünkü kendini bir geçit olarak teklif eder. Kendini dağıtarak farklılaşır. Kendine bir şey yapma izni verdiğinde biçim değiştirir. Dokunulabilir dünyanın içerisinde zamanla bir mevcudiyet niteliği açar.

Yumuşaklık genişletilmiş bir şimdi icat eder. Yumuşaklık hakkında konuşuruz; onu kabulleniriz, iletiriz, toplarız, umut ederiz. İnsanlığın elementlerden, hayvanlardan, ışıktan, ruhlardan ayrılmadığı bir zamandan gelen, ismini kaybettiğimiz bir duygunun ismidir yumuşaklık. Beşeriyet hangi noktada bunun bilincine vardı? Yaşamak ile hayatta kalmak henüz bir aradayken yumuşaklık neye karşı koyuyordu?

Hayvan

Hayvanların sırrını yumuşaklık korur. Temelden gelen ve çelişkili bir vahşilik, her türlü terbiyeye çocukluk kadar yabancıdır. Konu sadece insanlık durumuna ilişkin olmakla kalmaz, onun sınırlarını da belirler. Yumuşaklık hayvanlığa o kadar yakındır ki, zaman zaman onunla karışır, sadece ona ait olabilecek bir içgüdü varsayımını olanaklı kılacak kadar duyumsanır. Şefkat, koruma ve hatta iyilik ilksel bir "yumuşaklık itkisi" özelliği barındırır. Yalnızca kendini korumaya değil, ilişkiye de adanmış varlığın en yakınındaki bir içgüdü.

Hayvanın —insani barbarlığın kapsamı dışında kalan kendine has o zalimliğinde— daha baştan etkisizleştirdiği şey tam da bizim iki kutupluluğumuzdur. İnsani özne bölünmüş ve sürgüne gönderilmiştir. Hayvanın yumuşaklığı bize bu şekilde dokunuyorsa, bu şüphesiz kendine neredeyse bütünüyle denk bir varlıktan geliyor olmasındandır.

İhtimam Göstermek

Hayvanlar ve insanlar başlangıçta aynı aşamalardan geçerler. Yeni doğmuş bir yavru, ihtimam gösterilmezse hayatta kalabilir mi? Korunması, etrafının çevrilmesi, konuşulması, düşünülmesi, hayal edilmesi gerekmez mi dünyaya gerçekten *gelebilmesi* için? Mutlak bir yumuşaklık yokluğunda ne olurdu? Küçük bir memelinin annesinden gördüğü bakım, bütünlüğü tehlikede olanın ve gelişimini henüz tamamlamamış olanın sarmalanmasının başka bir ifadesidir. İlk bağlanma üzerine yapılan çalışmalar, bebek vücuduna —aynısı hayvanlar için de geçerlidir—uygulanan her türlü şiddetin (ve bütün kırıcılıkların) hafızada tutulduğunu göstermektedir. Herhangi bir ciddi saldırı, şimdi veya daha sonra, hayatta kalabilme kabiliyetini tehlikeye atacaktır.

Amerikalı filozoflar bu düşünceye "care"[4] demişlerdir; çünkü bu kavram onlara varlıkların kırılganlıkla-

4. Bakım, dikkat, itina, özen, umursamak, önemsemek vb. anlamlara gelen İngilizce sözcük. –yhn

rı hakkında çığır açıcı bir şekilde konuşabilme imkânı sağlamıştır. İnsanlığın başlangıcından bugüne bakım ve ihtimam yumuşaklıkla ilişkilidir: Hastalığı tedavi etmek, yarayı kapatmak veya acıyı dindirmek. Buradaki ihtimam verili olanın ötesindeki; tıbbi bir eylemi veya ağrı kesici maddeyi aşan iyi niyeti dile getirir. Prematüre bebekler üzerine çalışanlar bunu bilir; çünkü hem öylesine kırılgan olup hem de benzersiz bir direnç gösteren bu bebeklerin esrarengiz bir biçimde hayatta kalabilmeleri, belki de onlardan hiç esirgenmeyen şefkatli sözlere, hareketlere bağlıdır. Yumuşaklık iyileştirmeye yeter mi? Yumuşaklığın üzerine giyebileceği bir gücü veya bilgisi yoktur. Başkasının kırılganlığını kucaklamak, öznelerin kendi kırılganlıklarından kaçamayacaklarının farkına varmaları anlamına gelir. Bu kabul bir kuvvettir; yumuşaklığı, basit bir özenden daha yüksek bir birlikte hissetme mertebesine çıkarır. Duygusunu paylaşmak, "birlikte acı çekmek", ona tamamıyla teslim olmadan onun ne hissettiğini hissedebilmektir. Kendini başkalarına, başkalarının kederine ve acısına açabilmek ve acıyı başka bir yere taşıyarak içinde tutabilme gücüdür.

Fakat, onu harekete geçiren yoğunluk ne olursa olsun yumuşaklık bir ilişki ilkesinden ibaret değildir. Başkalarındaki en müstesna şeye alan açmaktır. Yumuşaklığın dikkati, Patočka'nın[5] "ruhun bakımı" olarak adlandırdığı anlamda, insan varlıkları olarak etrafımızdaki dünya-

5. Jan Patocka, (1907-1977) fenomenoloji ve bilim felsefi alanlarında çalışmış Çek filozof. –yhn

ya, bu dünyayı meydana getiren varlıklara ve hatta ona yönelttiğimiz düşüncelere karşı sorumluluklarımıza işaret ediyorsa, o halde yumuşaklık hayvanlar, mineraller, bitkiler ve yıldızlarla olan yakın bağımızın bir parçasıdır.

Zekâ

Yumuşaklık ilk olarak yaşamı taşıyan, kurtaran ve geliştiren bir zekâdır. Hayret etmeyi, olası şiddeti, dolandırıcılığı ve korku kaynaklı saf itaati yücelten bir dünyayla münasebeti yüzünden, yumuşaklık her şeyi ve her varlığı değişikliğe uğratabilir. Yumuşaklık başkayla kurulan ilişkiye dair bir anlayıştır ve bu algılayabilme kapasitesinin özünde sevecenlik yatar.

Felsefe duygulardan kuşku duyar —uzun bir zaman boyunca aklı karıştıran ve bulanıklaştıran unsurlardan ibaret kalmışlardır. Felsefeye göre, yalnızca düşünce, duyulur olanı düşünülür olana dökebiliyordu ve bu yüzden bilgeliği duygulanımın, bedenin ve duygusal hallerin dışında aramak gerekti. Aklın kendi araçlarını yumuşaklığa uygulamasını talep etmek, bir bilgi rejiminin tam da ondan kaçan başka bir bilgi rejimini ihlal etmesini istemektir. Fakat bizi çağırdığı şey elzem: "Seni 'daha iyiye doğru' yönelteni ve kendini vicdan biçiminde sunan şeyin değerini düşün." Öznenin başkalıkla kurduğu ilişkiyi ima etmesi yüzünden, yumuşaklığın niteliği de yalnızca ortaya çıkardığı tözü ya da atmosferi belirtmez. Aynı zamanda bağlantılar kurar o: "*intelligere*".[6] Onun ayrıcalığı uyumdur. Zalimliğin, dünyanın adaletsizliğinin hesabını tutar. Varlıklara ve şeylere karşı yumuşak olmak onları kendi yetersizliklerinde anlamak demektir; tehlikeye açık oluşlarında, körpeliklerinde, ahmaklıklarında. Bu tavır acıya, dışlamaya ve zalimliğe katkıda bulunmak istememek olup, duyarlı bir insanlığa yer açmak, kendi zayıflığıyla ya da bizi uğratacağı hayal kırıklığıyla barışık bir başkaya yer açmak demektir. Bu derin anlayış bir hakikati üstlenir.

Şiddete, fanatikliğe, gaddarlığa, sinikliğe tanık olmamak elde değil. Hem kölelikte hem efendilikte hüküm sürmeye devam ediyorlar ve her türlü amaç için de hâlâ kullanılmaktalar. Fakat yumuşaklık şiddeti az çok kavrayabilecek zekâya sahip olabilse de ya da mecburiyet halinde onu içerse de veya hatta onun tarihini göz önünde bulundursa da bunun tersi doğru değildir. Ve yumuşak güçte her zaman bir asalet olacaktır; mahkûm etmeden, yıkanı ve şiddet tarafından yıkılanı yeniden inceleyerek.

Ata binme sanatı örneğin, yumuşaklığın içkin zekâsını başka türlü sergileyen bir sanattır. Bu sanat insan ve hayvan arasında son derece gelişmiş zarif bir işbirliği gerektirir. Biri diğerini onun tarafından kabul edilme noktasına varana kadar anlamalıdır (tahmin etmeli, hoş görmelidir). At belki yönlendirilmeli, eğitilmeli, dizginlenmeli, kamçılanmalıdır, fakat at biniciyi ancak

6. Latince: Anlamak. –yhn

elinin hafifliğini ve semerdeki konumunu zarifçe ayarlayabilirse kabul edecektir. Binicilikte başka sanatlarda olmayan bir yumuşaklık vardır. Bu ustalık çalışmasının tarihi atın evcilleştirilmesi kadar eskidir ve adabını, kıymetini, kurallarını saptamak yüzyıllar almıştır. Varılan anlaşma da bir kereliğe özgü ve tamamlanmış değildir, her defasında yenilenir.

Potansiyel

Bazı şeyler kendi doğalarına içkin bir ilkeye göre meydana gelmeye mahkûmdur. Yani onların *potansiyeli* vardır. Kendi meydana gelişlerinde uyur halde bulunan bir süreci taşırlar. Canlının en mahreminde yatan bu şeyler (Yunancada *dynamis* adı verilen) filizlenmelerdir. Bu filizlerin açılması zamana bağlıdır. Bu durum canlının mümkün sürekliliğinin ortaya çıkışının *olmazsa olmaz* koşuludur. Yaşamın hareketi hiç duraksamayan bir artış ve azalıştır. Düşünce buna kayıtsız kalabilir. Fakat zamanda ve gerçeklikte sadece (Freud'un çözülme dediği) artma ve kendi üzerine kapanma vardır.

Aristoteles[7] gücü bir varlığın kendi oluşuna ulaşma kabiliyeti olarak tanımlar. Tohumda ağaç olma "potansiyeli" vardır; fakat sadece tohumun maddi gerçekliğine

7. "Potansiyeller aynı cinsle ilişkilendirilebilir; her biri bir ilkedir ve hepsi, başka bir varlıkta başka bir varlık olarak bulunan değişimin ilk ve benzersiz bir gücü ile ilişkilidir". Aristoteles, *Métaphysique*, Birinci Kitap.

bakarak bunu anlayamayız. Bu türe içkin kavramın hem sınırı (tohumun gül mü şemsiye çiçeği mi olacağı) hem tamamlanması (söğüdün tohumu bütünüyle "gerçekleştirmesi") bu süreçte belirlenir. Güç olarak yumuşaklık şeyin kendinde o ana dek âtıl kalanın olgunlaşmasını sağlar. Embriyo dokuz aylık gelişimi boyunca amniyotik sıvıyı "teneffüs eder", zira akciğerleri hâlâ etkin hale gelmemiştir. Bu *potansiyel* akciğer solunumunun nasıl ve hangi aşamalardan geçerek yapıldığı embriyo gelişimi uzmanlarınca hâlâ tam olarak anlaşılamıyor. Bir yandan, bu amaç için gerekli nörobiyolojik sinyaller mekanizmasının karmaşıklığı karşısında hayrete düşerken, öte yandan bebeğin ilk ağladığı an apaçık hale gelen metamorfozun yalınlığı karşısında büyüleniriz. Embriyologlar aynı temel soruyu kök hücre ve akciğerler için de sorar: Hücre ne yapması gerektiğini nereden "biliyor"? Antik dönemde bu soru şöyle ifade ediyordu: Ruha hangi anda "biçim veriliyor" — tam olarak hangi anda ruh maddeyi teneffüs ediyor? Mükemmel biçimleri temaşa eden ruh acaba yumuşaklık fikrini —bir tür anımsama olarak— hafızasında mı tutuyor? Bu soru hâlâ yanıtlanmış değil.

Filozoflar metamorfozun bu kuvvetine sonrasında da farklı biçimlerde yaklaşacaklardı. Örneğin, Spinoza'nın buna önerdiği ontolojik zemin *conatus*, yani varlıkta devam etme çabasıydı. Nietzsche ise Spinoza'nın görüşünü reddetti ve kavramın gerçek özünün *Güç İstenci*'nde yattığını öne sürdü. Ona göre "hep gücü artırmayı isteyen ve en temel yaşamsal güdü olan güç istenci, sık sık kendi mevcudiyetini koruma güdüsünü riske atar, hatta onu kurban eder." Bu bakımdan Nietzscheci güç istenci, Spinoza'nın varlıkta devam etme anlamına gelen *conatus*'undan çok daha belirgin biçimde, yumuşaklığın karşı kutbu, yani onun zıt anlamlısıdır: Kuvvet, yaşamın yoğunlaşarak taşması ve oluşun, bizzat kendiyle uyumuna yönelik, metamorfozu. Bunu desteklemek için Nietzsche *Ecce Homo*'da yumuşaklığı güce direnen çetin kuvvet olarak konumlandırır. Zayıflıkla malul bir dünyaya doğmuş ikircikli bir kuvvettir bu, fakat her tür zayıflığa da yabancıdır. Yumuşaklık, çoğunlukla, madde gayri maddileşene kadar gereken birikmiş, tutulmuş ve buharlaşmış muazzam miktarda enerjinin arıtılmasıdır —belki de duyulur olanın düşünülür olanda etkin hale gelmesidir—. Yumuşak olmasalardı aralarında herhangi bir geçiş olabilir miydi?

Duyusal Şölen (I)

Kalpler kendi mevcudiyetlerinin hoşluğu
ve tatlılığıyla dolduğunda
Geriye yalnızca sessizlik kalabilir.
W. B. Yeats

Yumuşaklık bir duyusal şölen fırsatıdır. İnce düşüncelilik ve temas, dokunma, tat, ıtırlar, sesler; hepsi erişimi açar. Kırılganlıkta şiddeti yavaş yavaş zerk edebiliyorsa, güzel ve erotik olabiliyorsa, diğerinin arzulanan bedeniyle kutsal bir dansa girebiliyorsa yumuşaklık gizemsiz değildir. Bu, son ana kadar özgür olmadığı anlamına gelir.

Yumuşaklığın ışıkla birçok yakınlığı var. Işıması, yoğunluğu, dönüşümleri, gecesi... Mekânda resmedilmesi gerekseydi, minicik de olsa hareketli bir kıvrım olurdu. Dokunmanın yanında bir de müzik bunun en doğrudan tercümesini yapardı belki. Karşıt melodik çizgiler ritimle, sesle ve enstrümanla ahenk kazanır. Mozart'ın 21. ve 24. konçertolarının andante bölümleri mükemmel olmalarının ötesinde, bir sesler katedrali örerler. Mükemmel bir denge. Ortaçağ ve Rönesans müziği, bilfiil kutsal ve hissedilir ses aralığını işitmemizi sağlar. Anne Azema âşıkların *lai*'lerini ya da Isolde'nin ağıtını seslendirdiğinde, en tutkulu haliyle yumuşaklıktır yükselen.

Yumuşaklığa açılan bir diğer kapı da imgedir. Rembrandt'ın, Saint Petersburg'daki keşiş Müzesinde bulunan *Müsrif Evladın Dönüşü* resmi bunun harika bir örneğidir.

Dokunma duyusu, dokunmanın zekâsı, cinnete engel olan bir yaşam hızlandırıcısıdır. Psikoz süreçlerinde yumuşaklık korkutucudur. Gerçekle gerçeğin gölgesinin ruha düşen izdüşümü arasındaki ölümcül uyumsuzluktur yumuşaklık. Her his muhtemel bir tehlikenin habercisidir.

İncelik kazanmak yumuşaklıkla örtüşür, bilhassa da zanaatta. Yumuşaklık ahşabın oyulma, işlenme yoludur, renk tonlarındaki ince farklardır, geç Barok dönemdeki bir kıvrımın yayılışıdır. Yumuşaklık jeste işlenmiş gibi durur — maddenin içinde onunla yan yana konmuş gibi. Pekin'deki kraliyet sarayına yapılan bir mobilyaya beş bin kat vernik atmak gerekmiş. Yazılı kayıtlarda verniğin, yağmur yumuşaklığında ve çocuk saçının ipeksiliğinde dokunuşlarla sürülmesi gerektiği anlatılıyor. İpek yumuşaklığı, parlatılmış cam, bükülmüş gümüş, kadifenin dokusu, onu kaplayan ten, onları seyreden göz.

Giotto'nun papaz figürleri. Bu aydınlanmış figürler, onlara hoşluk veren bir sadelikte sabitlenmişlerdir ve Fra Angelico'nun resmettiği manastır tavanlarında olduğu gibi, bu hoşluk da yetersizlik veya üslupçuluk göstermez. Bu resimlerdeki yumuşaklık, bakanı, aradaki mesafeyi daima sabit bırakan bir sahneye katılmaya davet eder. Yumuşaklık, bakışı yöneldiği yerden uzak tutar.

Venedik'te gökle denizin buluşmasının yumuşaklığı. Yaz göğünün, havanın, bulutların yumuşaklığı. Bu dahili ve harici, akışkan ve havai, kapatılmamış köşelerdeki tatlılık.

Geceleyin lambaların yumuşaklığı. Aylası ve sınırlamaları. Genellikle de sahnedeki kusursuzlukları. Çıplak bir bedeni kesmek. Bir niş oyuğu. Yumuşak alev. Karanlığın tarif ettiği ve bir şekilde koruduğu ışığın tüm bu köşeleri.

Yumuşaklığın eşiği yoktur; aksine, yumuşaklığın bulaşmasına sürekli bir davet, her an paramparça olabilecek bir davet vardır.

Yumuşaklıkla uyuşan değerler bazen meşakkatlidir. Onu hayatlarımıza basit bir tatlandırıcı olarak katmamızı özendiren tavrın üstünde ve ötesinde bir adabı muaşereti gerektirmektedir —tetikte olma halini—.

Yumuşaklık yalnızca bizi terk ettiğinde ve geri döndüğünde mi aşikâr oluyor? Acı çekme sona erdiğinde, dalgalar kumda hava kadar yumuşak köpükler bıraktığında mı? Ya da yumuşaklık yalnızca tadı çıkarılması gereken eşsiz bir öz mü?

Bir hayvanın karnı. Tenin altından yüzeye yaklaşmış bir damarın atışı. Şeffaf çakıl taşını andıran çok yaşlanmış cilt. Çok küçük bir çocuğun teni, yine de görünmez tüylerle kaplı yanakları.

Yumuşaklık aynı zamanda ahenktir. Orkestranın ahenk kazanma şekli ya da Rothko'nun kırmızı bir ufuk boyunca birbiriyle iletişime geçen iki düz yüzeyinin üslubu. Yumuşaklık bir yüzün orantısıdır.

Dile getirilemez olanın hoşluğu, fenomende ve şeylerin verili görünüşlerinde belirmeyenin —yalnızca bir yüzde dokunulabilen, kavrayışı tamamıyla çözen— güzelliği. Yumuşaklık orada olan ve kaçan arasındaki boşluğu ortaya çıkarır: Tensel ve ruhsal; fakat yalnızca boşluklar değil, dildeki elipslerde, görünür olanda, Barok spiralde, anamorfoz çizgilerde.

Yumuşaklık satar. Her yerde, her zaman, tüm biçimleriyle önümüze serilmektedir. Hiç alakası olmayan bir hesaba yatırılan ekonomik argümandır yumuşaklık. Neo-liberal dünyanın işyerlerinde, okullarda, hatta boş zaman aktivitelerinde gizli normlar misali kurduğu güç ilişkilerinde görünür hale gelen canlılara yönelik mutlak ilgisizliği, bugün —ki bu yeni— güvenlik tedbirleri ve güya bizzat öznelerden gelen talepleri karşılama kisvesi altında yürütülüyor. Gönüllü kölelik de hiç aksamadan akan bir program. Bu yüzden yumuşaklığın tüketim nesnelerini yücelten bir mazeret olarak kullanılması, çamaşır deterjanı, şekerlemeler ve hatta yatırım tavsiyeleriyle ilişkilendirilmesi şaşırtıcı değil. Fakat daha tehlikelisi, yumuşaklığın katıksız bir zorlama, hatta zulüm için kullanılmasıdır; zira tarihte sapkınlığın kendini kanıtladığı, mükerrer ve kirletici gücünün giderek daha tehlikeli boyutlara ulaştığı bir zamanda yaşıyoruz. Sapkınlık tam da yumuşaklık uğruna yapılıyor. Bir anlamı saptırmak, ona hizmet eder ya da öykünür gibi görünüp onu tersine çevirmektir. Dil ve akıl oyunları yoluyla sapkınlığın gerekliliğine inandırılıyoruz.

Yumuşaklık böylece sosyoekonomik denetim araçları tarafından ikiye bölünür. Bir tarafta beden aptallaştırılarak piçleştirilmiş, diğer tarafta ruh New Age iksirine ve bizi, onlara inanırsak her şeyin olması gerektiği gibi işleyeceğine inandırmak için yarışan diğer yöntemlere bulanmıştır. Kendini geliştirme ve mutluluk arayışı kuramları her türlü olumsuzluğu, bunalımı ve korkuyu temel insan halleri olarak görmeyi reddeden bu büyük "iyi yaşam" pazarına katılırlar ve hem şimdiyi hem de geleceği felce uğratırlar. Bu bölünme, özü bakımından ürkütücüdür, zira yumuşaklığın duyulur ile düşünülür arasında kurduğu bağlantıya saldırır.

Şimdi tarihin öyle bir anındayız ki —lafa bu şekilde başlamak bence biraz fazla cakalı ama başka nasıl söyleyebilirim— manipülasyon teknikleri işe yaradıklarını kanıtlıyorlar. Bu tekniklerin ne kadar etkili olduklarını kanıtlama gereği bile duyulmuyor artık, zira bir şekilde kendi işlevselliklerinin garantörü de onlar. Fakat asıl sinsilik, bu tekniklerin insanların düşünce ve inançlarını birdenbire değiştirebilme gücünde olmalarında. Günümüzde gaddarlığı ve bu türdeki diğer tüm hilecilikleri tam da "yumuşaklık" adına meşrulaştırmamız sadece onaylanmakla kalmıyor, aynı zamanda teşvik de ediliyor. Bu tersine çevirme, kendini oluşturan özü inkâr ettirecek olanın bir ilkede damıtılmasıdır. Sabah saldırdığı çocuğun masumiyetini öğleden sonra hakkaniyetle savunan yargıç, yavrusunu kurban olarak kendi elleriyle "sunan" annedir o ve aslında uzayıp giden bu liste de "fikirleri ve inançları değiştirebilme gücünün" tarzı incelikli, acımasız ve uyanık olduğu için neredeyse geçersizleşmektedir. Tepemizde duran, saldırabileceğimiz, hatta şüphelenebileceğimiz her şeyi gören "koca göz"e ihtiyacımız yok; çünkü fabrikaya girenler bizleriz. Hepimiz aynı anda hem failiz hem de mağdur.

Şiddete can verecek şeyin adı olacaktır yumuşaklık. Barbarlık. O kadar ki en rezil bayağılık ondan yüksekte kalır. Fikirlerin ve inançların teknolojik tacizle inkâr edildiği ve değiştirildiği döneme girdik. Fakat ben yumuşaklığın direndiğine inanıyorum. Sapkınlığa direniyor. Deliliğin ondan önce ve sonra yaptığı gibi, ama delilik gerçek dediğimiz dünyayla bağını kopardı. Yumuşaklıksa hayır, o koparmadı.

Dil Kaynakları

Bu aşamada dili incelemeye başlayabiliriz. Etimolojinin unutulması basit bir kültür eksikliği sorunu değil, kolektif hafızayla kurulan ilişkiye işaret ediyor. Anlamı suiistimal etmenin, silmenin, ikame etmenin aynı zamanda toplumsal ve siyasal sansürlerin farkında olmamak bu. "Saf" bir dili yeniden saygınlığına kavuşturmaktan bahsetmiyoruz. Bütün saflıklar sorgulanabilirdir, bunu biliyoruz. Saptırmanın saldıracağı ilk yer de burası. Eski Yunan'ın yumuşaklığı anlama ve adlandırma biçimine tekrar bakınca görünen o ki bir insan topluluğunun yasayla, adaletle, savaşla sürdürdüğü bütün ilişkiler yumuşaklığın kendisiymiş zaten ama "kalp" yollu oldukları söylenen değerlerde de o var. Ayrıca hümanizm olarak adlandırdığımız şeyle de ilişkili. Yunanlar için yumuşaklık *hubris*'in, yani insanları ele geçiren ve bugün "itki" olarak adlandırdığımız şiddetli sancıların zıddı; fakat bu bir ahlaki katılık da değil. Hayır, bir şekilde insanlardan çok tanrılara ait. Akılla ne kadar kavranabilirse elle de o kadar tutulur ve buna rağmen yumuşaklık iyi olmadan iyiyi, ilişki olmadan ilişkiyi, tanrısal nitelik taşımayan ruhsallığı ve sadece alıcı olan maddeyi kapsıyor.

Yunancada yumuşaklığa karşılık gelen iki kelime var. *Proates* yumuşaklık ve incelik anlamında. Aziz Pavlus Mektuplarında, bir topluluğun kurulabilmesi için gerekli böylesi bir "yumuşaklık ruhu"ndan bahseder. Yumuşaklık başından beri "birarada olmak" sorununu —siyaset ve etiğin ilk ilişkisini— ihtiva etmiştir. Fakat yumuşaklık aynı zamanda *praüs* kelimesiyle de karşılanır ki bu çok daha duyumsama yüklü bir terimdir, iyi huyluluk anlamına gelir ve Vulgata Latincesindeki tercümesi *mites*'dir (İngilizce *meek* — "yoksul ve yumuşak"). *Mutluluklar*'da şöyle yazılmıştır: "Ne mutlu yumuşak huylu olanlara / Çünkü onlar yeryüzünü miras alacaklar." *Mites* meyveler için olgun ve yumuşak anlamında kullanılır, toprağın *mites*i bereketliliğidir; herhangi bir varlık için kullanıldığında ise yumuşaklık ve iyilik anlamındadır. Latincede yumuşaklığı ifade eden iki kelime daha var: Daha çok zihinsel ve ruhsal anlamlarda kullanılan *suavitas* ve sesin ahenkliliği, cazibe, bir şeyin güzelliği ve yiyeceğin tatlılığı anlamındaki *dulcis*. Hıristiyanlığın ortaya çıkışıyla birlikte, bütün ihtişamıyla gelişi beklenen kral/Mesih'in yerini sürgünde ve yoksul doğmuş bir çocuk alır. En büyük kırılganlığın yerine ruhsal krallığı koymak, gücün tarihte eşi benzeri görülmemiş bir biçimde el değiştirmesine yol açmıştır. Liyakat, güç, askeri kahramanlık gibi erdemlerin hepsi, bir de bakmışlar ki altüst olmuş.

Adalet, kahramanlık değerleri ve kamusal hayatı idare etmekle ilgili sorular üzerine inşa edilen Antik Yunan, "duygusal" erdemlere yabancı gibi durur: *İlyada* bir fetihler, hileler ve ölüm şiiridir. Mükemmel kitabında Jacqueline de Romilly,[8] şiddetin zıddı olup nezaket ve ikna etmeyi vurgulayan kelimelerin Homer'de nasıl ortaya çıktığını gösterir. Bu intikamı zapt edip adalet fikrini şefkat formunda genişletmekle ilgilidir. Homer bunu en beklenmedik yerde gösterir. Kral Priam Aşil'e oğlu Hektor'un cesedini sorduğunda, —ki kendileri Aşil'in en iyi arkadaşının katilidir— Aşil ölünün bedeninin yıkanmasını kabul eder ve Priam'ı sofrasında ağırlar. Yaşlı kralın oğlunu Troya'ya geri götürebilmesi için savaşı bir süreliğine askıya alır. Homer'in kahramanları *saygılarından* ötürü en tutkulu ve böylelikle yumuşaklığa en kadir kahramanlardır. Yumuşaklıklarına hiçbir yapaylık bulaşmaz ve cesaretle ahenk içindedir.

Yunan dünyasında mahremiyetle ilgili değerler tanrıların yegâne imtiyazıydı. Tanrıların tutkuları, ihanetleri ve haletiruhiyeleri bunların haksız sonuçlarına maruz kalan insanlar tarafından yorumlanıyordu. Aşil'in tiyatrosundaki en canavar tanrıçalar olan Gazaplılar, en sonunda şifa vermeye kabil, adil bir tanrının hükmettiği dünyaya katılmaya rıza gösterirler ve *Eumenides* ya da "İyi Kalpliler/Merhametliler" ismini alırlar.

8. Jacqueline de Romilly, *la Douceur dans la Pensée Grecque*, Les Belles Lettres, Paris, 1979.

Ardından, hoşgörü yolunda biraz daha ilerlemenin önünü açan *philanthropos* [insan sevgisi] kelimesi ortaya çıkar. Sözcük artık yalnızca dışarıya yönelik davranışları veya bir eyleme yolunu değil, evrensel bir mizacı, şartlardan bağımsız aktif bir dayanışmayı belirtmektedir. İnsan kırılganlığı karşısındaki topluluk hissini dile getirir, tıpkı Ulysess'in Ajax'ın deliliği karşısındaki hissi gibi:

> Daha asilini tanımıyorum ve içine düştüğü sefilliğe
> Acıyorum, düşmanım olmasına rağmen,
> Kötü bir alın yazısına mahkûm edildiğinden.
> Kendi payıma düşeni onunkinden az görmüyorum.
> Kendimizin hayaletlerden başka bir şey olmadığımızı
> Her yaşadığımızın kayıp giden gölgeler olduğunu
> İyi gördüğümden.

Uzun süreler kabahat ya da özür olarak düşünülen insan tabiatının kusurluluğu, kardeşlik ve acımanın kaynağı olmuştur. Platon Şölen'de insan sevgisini Aristofanes'i aşk hakkında konuştururken şöyle kullanır: "[*Philanthropo*] tanrıların tümünden *daha çok arkadaştır insana*," ve bunun insanlığa yardım edecek bir sanat olacağını söyler. Nitekim ondaki insan sevgisini, derslerini ücretsiz veren Sokrates'in cömertliğinden bahsederken hatırlarız. Fakat bu kavram Yunan'da hakkaniyet yanında yer almakla kalır ve Hıristiyanlığın dünyadan el etek çekmek ve kurban vermek kavramlarına kadar varmaz: "Yumuşaklık adalete ve adaletin gerektirdiği mütekabiliyete baskın çıkamaz." (Platon, *Socrates'in Savunması.*)

Bundan sonra yumuşaklık, adım adım, güçle ve cesaretle olan ilişkisinden ayrılacak ve En Yüce'ye adanan münzevi hayat idealine bağlı bir dünyanın tensiz faniliğine katılmaya çalışacaktır. Tenden sıyrılmış bu yumuşaklık zamanla cansızlaşıp zayıflığın yüceltilmesine dahil olur.

Toparlamak gerekirse, filozoflara göre yumuşaklık uygarlıkla iç içedir. Buna rağmen Platon hoşgörü mefhumuyla barışamaz, düşüncesi daha ziyade adalet ve hakikat üstüne odaklanacaktır. *Yasalar*'da, "Unutmayalım ki insaflı olmak (épieikès) ve müsamahakârlık (*suggnômon*) mükemmel uyumun katı adalet pahasına bozulmasıdır," diye yazar. Oysa Yunanlar için zor olan şey yumuşaklığı, ya da *sophrosuné*'yi (ölçülülük), her siyasal topluluk için gerekli olan cesaret, kararlılık ve savaşma becerisine atfedilen değerlerle çatışmadan elde edebilmekti. Fransızcada tam karşılığı olmayan "*fairness*"[9] sözcüğü insaflı olmanın ve yumuşaklığın bu karışımını ifade eder. *Nikomakos'a Etik*'te Aristoteles şöyle yazar: "Yumuşak insan intikam almaz, bağışlar." Yumuşaklık, *suggnômé* ile birlikte, suçun silinme olanağını tanrılardan insanlara indiren kendine has bir anlam bükülmesine uğrar. Bağış-

9. Hakkaniyet anlamına gelen İngilizce sözcük. -yhn

lama becerisi, bu bükülmeyle Yunan düşüncesinde her yere yayılır. Derrida bağışlamanın bu paradoksuna dikkat çekmiştir. Ona göre bağışlama, sadece ama sadece, asla silinemeyen ve silinmemesi, unutulmaması gereken karşısında anlamlıdır. Bir jest olarak "bağış-lamak", bağışta bulunmak, yalnızca burada evrensel bir kapsama erişir ve aynı şekilde, utanç yaratır. Burada bağışlamanın yumuşaklığından bahsedilmiyor bile, yalnızca uç noktalarında ortaya çıkan paradokstan bahsediliyor. Yine de bağışlamak hem bağış yapanı hem de alanı yumuşatan bir eylemdir.

Yumuşaklık söz konusu olduğunda genellikle olduğu gibi burada da ikili bir armağan ortaya çıkar: Armağanı veren ve alan bir araya getirilir. Kaç çocuk tüm yaşamı boyunca armağanı bekler, hiç gelmemiş bir söz için kaç yaşam harcanır? Bağışlama yumuşaklık tarafından koşullanmıştır. İçsel bir devrim yaşanmadan bağışlama sadece bir dilekten ibaret kalır; asla gerçeğe dönüşemez, acıma, cesaret, feragat ya da kıskançlık tarafından tutsak edilir. Hiçbir şeyi özgürleştirmediği gibi azılı yarayı daha da derinleştirir. Derrida için bağışlama yaşayanlara seslense de aslında ölüler içindir. Hep vakitsiz, dengesiz ve asimetriktir o. Bağışlama şiddet yüklü bir eylemdir. Zamanı yerine kendini yerleştirmeyi vaat eder.

İnsani dünyada yumuşaklığın bağışlanmaya bağlandığı yer Roma'dır. Roma'da af ile ilişkili ne varsa gündelik hayatı düzenleyen hukuk metinlerinde içerilmiştir. *İç Savaş Üzerine*'de Sezar arabuluculuk yapmayı önerir ve bunun için *misericordia* [Latincede merhamet], *cle-*

mentia [bağışlama ve merhamet tanrıçası] ve *liberalitas*'ını [isteyerek verme kavramı] kullanmaktan bahseder. Plutarkos'ta ise yumuşaklık kavramı bir yaşam ideali gibi çiçek açar. Örneğin *Solon'un Yaşamı*'nda sevme ve sevinç duyma eğilimlerini ifade etmek için yeni kelimeler buluruz: "Aslında ruhumuzda gerçekten de bir şefkat pınarı var; sevmek için şekillenmiş o."

Hıristiyanlık ise Yunan düşüncesine hâkim kriterlere yabancı kalacaktır: Yumuşaklık, etik ve *philia* içindeki boyutlarında, ne site ya da devlet ne de burada, aşağıda olan yaşam için bir değer taşır. Yüksek ortaçağ Latin dünyasında, Varlığın ve hatta Oluşun da ötesinde olan Tanrı, kendine has bir tınısı olan şu sözcükle övülür: *Suavité* [tatlılık, hoşluk, incelik]. "Senin yumuşaklığından mahrum kalınca, yumuşaklığı kendimde buldum." (Augustine). Meister Eckhart ve Bingenli Hildegard'a varıncaya kadar Ren gizemcilerinin alıp geliştirecekleri şey budur.

Azizler kuvvet ve yumuşaklık figürleridir. Şehitliği göze alabilen manevi savaşçılar olarak iktidara meydan okumuş ve iyiliği yaymışlardır. Batı dünyasında azizlerden biri diğerlerinden ayrılır: Assisili Aziz Francis. Servet sahibi bir kumaş tüccarıyla Fransız bir annenin oğlu ve amatörce Güney Fransız geleneğinden gelen ozanların şiirlerine benzeyen şiirler yazan Aziz Francis savurganlığıyla bilinirdi. Esir alındığında geçirdiği uzun bir hastalığın ardından hayatı baştan aşağı değişmiş ve kendini cüzzamlıları iyileştirmeye adamıştı. Vasiyetnamesine şöyle yazmıştır: "Onları [cüzzamlıları] bıraktğımda, önceden bana acı veren şey hem bedenime hem de ruhuma tatlılık katacak şekilde değişmişti. Sonra biraz bekledim ve dünyaya elveda dedim." Babasına olan tüm borcunu ödedi ve onunla tüm bağlarını kopardı. Assisili Aziz Francis çileciliği uygulayan bir tövbekâr hayatı sürdü ve tüm canlı varlıklarla kardeşlik içinde yaşayan biri olarak bilindi. İşte bu yaşamda bağışlama ve adalet ondan hiç ayrılmadı ve onun yumuşaklığı, adaletsizliğe karşı olan acımasız savaşı azizliğe dönüştürdü. Bu aziz figürün yumuşaklığının bitki ve hayvan alemine olan yakınlığı Batı dünyasında az rastlanan türdendir.

Doğu

İbranicede yumuşaklık "*enavah*" kelimesiyle ifade edilir ve aşağılanmış, zayıf düşürülmüş kişiyi işaret eder. "*Enavouim*", ezilmiş ve bastırılmış olanlardır. Maddi yumuşaklık için ayrı bir ifade vardır: Tatlı meyve. *Neşideler Neşidesi*'nde ve *Ecclesiastes*'te çokça çıkar karşımıza çıkar bu. Yumuşaklık insanlara atfedilmeden önce Tanrı'nın sıfatıdır. Kitab-ı Mukaddes'te cesareti kırılmış insan, kelimesi kelimesine "ruhu kırık" insandır; aynı anda hem yumuşak hem de yoksul olmaktır felaketi.

Fakat ruhani yardımseverlik, fiziksel yumuşaklık ve kalbin itidali arasındaki bağlantıyı bulmak için Sanskrit köke dönmek gerekir. Vedik kurban törenlerinin yavaş evrimi belirli metinlerin derlenmesine tekabül eder. *Samaveda Samhita* Brahmin hanende için söylenen methiyelerin bir derlemesidir. *Samaveda Samhita* "ilahi formunda Veda"dır. Cinsiyet içermeyen "Veda" kelimesi Sanskrit dilinde aynı zamanda "yumuşaklık, cana yakınlık, samimi karşılama ve tatlı konuşma" ifadelerine işaret eder. Vedik kültürün sese verdiği önemi vurgulamalıyız. Bu kültür Veda'nın, kozmik hareketlerin düzenliliğinin çıkardığı ilk sesin kadim bilgelerce yankılanmasının sonucu olduğunu düşünür. Bugüne değin Vedik gelenek sözlü kalmıştır ve kelimeyi —Rig-veda—, sihirli bir güçle donatılmış ve tonu değiştirilmiş bir şarkı aracılığıyla Ustadan öğrenciye aktarır. Daha sonra gelen Hint metinlerinde, mesela Krişna'ya adanmış sekizinci kıtalarda, neredeyse uyurgezer bir halde tekrar edilen kelimeyle karşılaşırız: "Dudakları yumuşaktır, Yüzü yumuşaktır, Gözleri yumuşaktır, Gülüşü yumuşaktır..."

Svadhisthana ikinci ya da kutsal çakranın adıdır. Sanskritte "yumuşaklığı" ifade eder; elementi su, duyusu ise tattır. Yeri cinsel organların üstündedir. Bedensel seviyede tenasül organlarını ve kuyruk sokumunu etkiler. Duygusal seviyede iştahı, cinselliği, kendilik bilincini, yaratıcılığı, üremeyi, yaşama sevincini tanımlar; zarar gördüğündeyse kıskançlık, suçluluk, bağımlılık çektirir. Genetik mirasımızın çakrasıdır. Burada yumuşaklık ruhsal olduğu kadar şehevidir de. Duygusallığa kaçmaksızın yumuşaklıkla kurulacak belirli bir ilişki hakkında Doğu dünyasının bize öğreteceği çok şey var. Eros'un yaftalanmadığı bir medeniyette ahlaki cesaret ile özveri göstermek arasında bir çatışma yoktu. Yumuşaklık ne çocuklaştırılmış ne de siyasallaştırılmıştı. O her şeyden önce bir incelik katma sanatıydı.

Sessiz Dönüşüm

Çin kültürünün geçişlere, görünmez filizlenmelere ve duyusal hayata verdiği merkezi rolü takdir etmeliyiz. Batı'da değişimler, hızla kategorize edilen olay ilkesine göre anlaşılır. Algılanamayana körüz. Sonuçlara endeksli bir kültürde, süreksiz olan adeta bir serap. Yine de her an her şey değişir. Peki bu nasıl olur? Ortaya çıkan bir sürecin her bir ayrıntısıyla oyalandığımızda, olay anını yine de algılıyor muyuz? Yumuşaklık tam da bu kumaştan kesilmiştir; çünkü kategorik olarak değil sadece varoluşsal olarak kavranabilir. Duyumsama ve pasaj olarak veya başkalaşımın gücü olarak.

François Jullien[10] harika kitabında, "sessiz dönüşümlerin" Avrupa metafiziğinin kavramakta en zorlandığı şey olduğunu, Çin kültürününse onlara zekice yaklaştığını göstermiştir. Yunanlardan bu yana Batı dünyası hudutları derecelendirdi, ayrık düzenler koydu, sınırlara müdahale

10. François Jullien, *Les Transformations silencieuses*, Grasset, 2010.

etti. Kavramla ilerledi sezgiyle değil, ve duyumların analizineyse iyice az yanaştı. Eriyen kar örneğin: Onu nasıl tanımlamalı? Gerçekten de Batı düşüncesinin merkezinde hareket eden değil sabit özdeşlik sorunu vardır.

Yüzen bir dünya, Batı için şüphesiz rahatsızlık vericidir; çünkü dile getirilemez olan, gerçeğe değil yalnızca Tanrı'ya aittir. Deleuze ve Bergson kavramların gelişimi üzerine kafa yoran az sayıdaki düşünürdendir. Zira Avrupa düşüncesi varlığın sabit olmasıyla ilgili bir takıntıya sahipti. Örneğin, başlangıç (metamorfoz varsa hiçbir şey bir başlangıç anını tespit etmemize izin vermez) ve son (geçiş bir amaç olarak sonucu hedeflemez) ile ilgili sorular ve —daha da şaşırtıcısı— zamanla ilgili sorular Çin düşüncesinde sorgulanmaz. Nitekim yıllıklara, kesin tarihlendirmeye özen gösteren Çin kültürü, "zamanı" genel ve benzersiz bir kavram olarak tematikleştirmemiştir.

Eski Çin metinlerinde dönüşüm bir tutum, bir beden ve zihin durumu, çevresiyle etkileşime giren, olgunlaşan ve gelişen şeylerin "doğal" modeline dayanan bir uyumdur. Taocu tutum, "süre boyunca çalışma eğilimlerinden ve ayrıca süreçlerin kendi kendini yayma kapasitesinden yararlanmaya" çabalar. Burada Aristotelesçi anlamda [potansiyel] güç fikriyle karşılaşıyoruz. Gelgelelim Aristoteles yumuşaklık duyusunun bir özne için ortaya çıkış tarzını sorgularken, Çin'de yumuşaklık, kendi karşıtını kendi içinde tohum olarak barındırmaktadır. Mizaç değişikliğiyle sonuçlanan bir geçiş. Kesilme yok; kopma yok.

Hissetme ve Duyarlılık

Erdemler yerleşmiş duygulardır yalnızca.
Bernard de Clairvaux

Eski Yunan'ın askeri kahramanlıklarından uzakta, ortaçağın teolojik tartışmalarının hiddetinden uzakta, Rönesans'ın taşıdığı evrensel ahenk bayrağından uzakta, çağımız *sentimental* [duygusal] olmayı seçmiş ve bütün otoriteyi bizim başıboş düşüncelerimize bırakmıştır. Bu oluş halinin en azametli tariflerinden birini bulan Alman Romantizminden beri duygu (*Stimmung*), kendini gönlü hoşnut etme yolunda epeyce helak etti. Artan bir hızla ortaya çıkan taklitler, önceden sindirilmiş, önceden imal edilmiş "âşk"lardan oluşan klişelerle dolu bir kültürün doğmasına neden oldu. Piyasa toplumunda duyarlılığın altı oyulur; belli bir yola sokulmaz, yönlendirilmez ve normalleştirilmezse alınıp satılmaya yönelik bir fayda sağlamaz.

En çelişkili duygulanımlarımızın vektörü olan duyarlılık, bir özgürlük ajanıdır. En eşsiz algı aygıtımızdan kaynaklandığı ve bizi dünyanın çok yönlü, evrimleşen tutumuna bağladığından, toplumsal radarlardan her zaman kaçar. Bizi ne kadar yükseklere taşıyabileceği bilinen duyguların kendileri zaten başlı başına temsillere bağlı olmaktan mustariptir ve bu bakımdan içinde yaşanılan zaman diliminden "etkilenir"ler. Bugün, toplumsal işleyişin kullanım kılavuzları tamamlanmış, senaryolar tanımlanmıştır. Duyarlılıksa gayret göstermektedir. Talim edilmezse, solar veya kurur. Duygular sanatı salt alıcılık değildir; özgür irademize de dayanır.

Duyguları uyarsın ya da uyarmasın, yumuşaklık duyarlılığa aittir. Duygulanımlarla harekete geçiriliriz, duyguyla hislerimizi tadarız. Yumuşaklık, sivri köşeleri ve muğlaklığı çözünene kadar zayıflatılırsa, ona kök veren ve karşılığında onun da köklendirdiği güç de tehdit altına girmiş olacaktır.

"Bana öyle bir bakıyorsun ki yumuşaklık içinde, sürekli bir kışkırtmayla ve masum... içine giremiyorum," der Marguerite Duras'nın *Atlantik Adamı*'ndaki anlatıcı. Bu kelimeler birbirlerine gelişigüzel bağlanmamıştır; burada yumuşaklık kışkırtmayla yüz yüze gelmiştir ve masumiyet dediğimiz şeyin gizemine ve nüfuz edilemezliğine sahiptir. Yumuşaklığın en yüksek noktası onun olası silikleşmesidir ve bizi tam olarak korkutan da budur. Yumuşaklık, zekâsı ve gücüyle duyarlılığın en yüksek ifadesi olabilir ve yine de her an yok olabilir.

Yumuşaklığın Sembolik Kuvveti

Yumuşaklığın sembolik gücünün bir otoritesi vardır. Doğu, bu ruhani otoriteye Batı'dan daha önce ve daha derinden saygı duymuştur. Hinduizm'in Zen pratiklerinden Konfüçyüsçülüğün Tao'su hakkındaki yazılara ve Doğu Sibirya'daki Şaman ayinlerine kadar, yumuşaklık bir zayıflık olarak algılanmamıştır.

Gandhi şiddetsizliğin en sembolik figürlerinden biri; çünkü hem büyük bir direnişçi —bir anlamda savaşçı— hem de ruhani bir öğretmendi. Ona ilham veren ruhani öğretmenleri düşünmek ilginç olduğu kadar şaşırtıcı, zira bu öğretmenler arasında öne çıkan üç isim de Batılı. İlki Tolstoy. İlişkileri genç avukatın 1909'un sonlarına doğru Rus dehasına hitaben yazdığı bir mektupla başlar. Gandhi mektubunda İngilizler tarafından çıkarılan adaletsiz bir yasanın ardından Hintlerin uğradığı haksızlıkları anlatır ve Tolstoy'un ünlü metni "Bir Hindu'ya Mektup"u yayınlamak için ondan izin ister. Tolstoy bu isteği kabul eder ve böylece mektuplaşmaya başlar. Tolstoy'un ruhani öğretisi şu şekilde özetlenmiştir: "Bir Hıristiyan hiç kimseyle münakaşa etmemeli, hiç kimseye saldırmamalı ve hiç kimseye karşı şiddet kullanmamalı. Aksine, karşı çıkmadan şiddete katlanmalı. Tam da bu şiddet karşıtı tavrıyla, yalnızca kendisi özgür olmayacak, bütün dünyayı tüm dış güçlerden kurtaracak." Tolstoy kötü yönetime hizmetin ya da itaatin reddedilmesini vaaz etti. Gandhi, General Smutts'ın aleyhine olacak şekilde bu dersi öğrendiğini ispatladı, Hintlere otoriteye sivil itaatsizlik yoluyla meydan okumalarını buyurdu.

Gandhi'nin bir diğer Batılı ruhani öğretmeni Ruskin'di. Johannesburg'da kaldığı sıralarda bir arkadaşı ona Ruskin'in *Unto This Last*'ını ödünç verdi. Gandhi, tren Johannesburg'dan Durban'a doğru kalkar kalkmaz kitabı okumaya başladı ve bütün gece de okumaya devam etti. Ruskin el emeğinin kıymetini vaaz ediyor, basit yaşamayı tavsiye ediyor ve modern ekonomik sistemin güçten düşüren komplikasyonlarını vurguluyordu. Metnin etkisi altında kalan Gandhi hayatını değiştirmeye karar verdi. Bir çiftlik satın aldı. Ailesiyle ve diğerleriyle birlikte oraya yerleşti ve bir grup olarak Ruskin'in vaaz ettiği ilkelerle uyum içinde yaşamaya koyuldu.

Mahatma'nın üçüncü muhatabı Thoreau'ydu. Acaba bu düşünür ölümünden yüz yıl sonra yüz binlerce Hint'in özgürlüğü üzerinde önemli bir etkiye sahip olacağını düşünebilir miydi? Temel eseri *Sivil İtaatsizlik*, kendi pasif direniş siyasetini zaten belirlemiş ve bunu "hakikate bağlılık" anlamına gelen "satyagraha" olarak adlandırmış olan Gandhi'yi bir daha hiç bırakmayacaktı. Gandhi'nin

Thoreau'dan sık sık alıntıladığı pasaj şöyleydi: "Kabul etme hakkına sahip olduğum tek yükümlülük, her zaman doğru olduğuna inandığım şeyi yapmaktır. Doğru davranmak, kanuna uymaktan daha onurludur." Gandhi bu metinleri ilk kez okuduğunda tam da bu nedenle hapishanedeydi.

Bu üç düşünür, silahların ve insanların kuvvetine ruhun kuvvetiyle karşı çıktı. Gandhi sembolik kuvvete güvenerek hasmının yaşamını riske atmadan kendininkini riske attı. Bu sembolik kuvvete karşı çıkanlar onun yumuşaklığını daha da belirginleştirirler. Yumuşaklık, kışkırttığı şiddetle tam bir tezatlık içindedir.

Serbest Biçim

Yumuşaklığı, etraflarındaki her şeyi hem de hiç kastetmeden altüst eden edebi figürlerde fark ederiz. Prens Mişkin, Kafka ve Melville'in karakterlerinin birçoğu, Tolstoy'un kısa hikâyelerindeki karakterler, *Moonfleet*'teki küçük John Mohune... Hiçbir yerden gelip benzeri olmayan bir yumuşaklığı da hep yanlarında taşıyan bu imkânsız karakterler cemaati, radikallikleri geri döndürülemez olduğu ve kibir taşımadıkları için tutku ve şiddeti kışkırtırlar. Edebiyatta yumuşaklığın tecessümü olan bu karakterler, altında tüm uzlaşmaların gizlendiği suretleri su yüzüne çıkarır, gerçeği daha önce görülmemiş, taşınması imkânsız bir hakikat etrafında kutuplaştırırlar. Bartleby ve *Saf Yürek*'teki hizmetçi böylesi kanun kaçaklarındandır. Yumuşaklıkları, koordinatları gönüllü kulluk kurallarıyla belirlenmiş bir dünyayı zora sokar. Bu yumuşaklıktaki aşırılık tehlikelidir. Hataları, arzuyu, manipülasyonu ya da tersinden, iyiliği bütün fenerlerden daha iyi bir biçimde günyüzüne çıkarırlar.

Yumuşaklık yalnızca iyilerin değildir. Onun hayatta en canlı olan şeye ait olduğu hissinden kendimizi kurtaramasak da, içinde manipüle edilebilme ihtimalini de barındırır. Başkalarına yumuşaklık ihsanında bulunmak ya da onu almak, yumuşaklığı sadece fark etmek bile, onu kabullenmek anlamına gelir. Peki, yumuşaklığa teslim mi oluruz yoksa onu tahrik mi ederiz? Cevap bizi savaş zamanlarında "cephe" diye andığımız yere doğru götürebilir. Yumuşaklık çetin bir etiktir; çünkü hakikatle bir anlaşma yapmıştır. İçine hile katılmadığı müddetçe ihanet edemez. Ölüm tehdidi bile onu uzaklaştırmaya yeterli değildir. Yumuşaklık politiktir. Boyun eğmez; uzatmaz, mazeret yaratmaz. O bir fiildir: Yumuşaklık icra ederiz. Yumuşaklık mevcutla uyumlu hale gelir ve insanın tüm imkânlarını zorlar. Hayvanlıktan içgüdüyü, çocukluktan gizemi, duadan yatışmayı, doğadan öngörülemezliği, ışıktan da ışığı alır, kendine saklar.

Saf Yumuşaklık?

Karşıtları olmadan iyiliği, neşeyi, armağanı, sakinliği kavrayabilir miyiz? Gaddarlığı içermeseydi yumuşaklığın herhangi bir değeri olur muydu? Çin düşüncesi bu fikri ilk olarak örneğin *yin* ve *yang* sembolleriyle ifade etmiştir. Bu sembollerde her ilkenin kendi içinde zorunlu olarak karşıtını da içerdiğini belirten küçük birer nokta vardır. Yumuşaklık, koşulların ve olayların çok ötesine geçen ve varlığa hitap eden tutarlı bir bağlantıysa, gaddarlığı da bunu tehdit eden şey olarak tanımlayabiliriz. Eğer yumuşaklık, yani hassasiyet ve koruma varsa, bunu sonlandırmak için şiddete başvurulmalıdır. Hem bireyin karşıtına dönüşme imkânı yoksa, yumuşaklık bir seçim olarak kalabilir mi? Kurban etme zorunluluğunun ya da psikolojik bozukluğun kuyusuna düşmez mi?

Şiddet, yumuşaklığı mağlup ederek onun bu dünyada bütünüyle kabul göremeyeceğini itiraf eder. Masumiyetin edebi figürleri bu yumuşaklığın trajik kahramanlarıdır. Bu kahramanlar, özgürlüklerinin uyandırdığı ve salıverdiği ölümcül dürtüye karşı boyun eğmeyen yumuşaklıklarıyla mücadele ettiklerinden, bazen ölümüne katlettiğimiz çocuk şehitlere benzerler. Billy Budd, *The Rights of Man* adlı gemiyi bırakıp *HMS Bellipotent* adlı savaş gemisinde çalışmaya zorlanan genç bir denizcidir. Güzelliği ve gençliğiyle mürettebatı büyüler. Fakat konuşma bozukluğu vardır; duygusallaştığında kekelemeye başlar ve bu zafiyeti hayatına mal olacaktır. Genç adamı çevreleyen sevgiyi kıskanan Yüzbaşı John Claggart ona zarar vermeye çalışır ve arkasında Billy'nin olduğunu iddia ettiği sözde isyan hazırlıklarını ortaya çıkarmak için bir plana girişir. Britanya filolarında son zamanlarda meydana gelen isyanlar yüzünden geminin kumandanı bu inanılmaz suçlamaları dikkate almak zorunda kalır. Claggart, Billy'ye meydan okur, ne var ki kendini savunmak zorunda kalan Billy kekelemeye başlayınca yaptıklarını izah edemez. O sırada sertçe vurduğu Claggart oracıkta ölüverir. Billy, kumandan çaresizce masumiyetine tanıklık etse de, askeri mahkeme tarafından asılarak idam cezasına çarptırılır. Asılmadan önce kumandanın hakkını teslim eder ve bu sayede isyanı önler. Billy Budd yumuşaktır. Kendini savunmaz; Claggart'ı öldürdüğünde adaletsizlik karşısında hissettiği duyguların etkisindedir. Güzelliği ve tuhaflığı, uyandırdığı arzu ve hikâye boyunca sergilediği tuhaf "iyilik" nedeniyle, onu günah keçisi yapmıştır. Bir adamın bedeninde yaşayan yetişkin bir çocuktur o. Kumandanın ona duyduğu şefkate rağmen Billy yine de mahkûm edilir. Yasa insanı gölgede bırakır; çünkü ona saygı duyulmalıdır. Billy, ait olduğu dünyanın acımasız vahşiliği karşısında Tiresias gibi onu daha önce uyaran yaşlı denizcinin nasihatini dinlememiştir. Burada yumuşaklık ölümcül şiddetin tam zıttıdır. İkili bir suça neden olur (Billy Budd'ın işlediği ve ona karşı işlenen suça). Azizliğin olası bir yüzü olarak, ne acımanın ne de cezanın bütünüyle anlayabileceği ya da yok edebileceği noktaya dek, Başka'nın şeytanlarını ortaya çıkarır ve harekete geçirir.

Gülen Adam romanında ise Victor Hugo yumuşaklığa, masumiyette değil mutlak sadakatte can verir. Gwynplaine ve Dea'yı birbirine bağlayan gizli yeminin temeli sebat ve adanmışlıktır. Fakat bu esasında kendine verilenler de dahil tüm yeminler için geçerlidir. Oğlan, adalet idealinden asla sapmama sözü vermiştir, Dea ise ona bu yolda ne pahasına olursa olsun yardım edecektir. Bu karşılıklı sadakat aynı kuvvetten, aynı güçten yapılmıştır, ama aynı zamanda dikkatin aynı sonsuz zarifliğinden de. "'Efendilerinin meydana getirdiği şekliyle insanlığı temsil ediyorum,' diye yazdı Hugo. 'İnsanlık yaralanmıştır. Bana yapılmış olan insanlığa da yapılmıştır.'" Gwynplaine'nin Lordlar Kamarası'ndaki ünlü konuşmasında da söylediği gibi: "Böylelikle sefaleti tahkir ettiniz. İngiltere'nin asilleri, sessiz olun! Yargıçlar, müdafaayı dinleyin... Dinleyin beni, size anlatacağım. Ah! Güçlüyseniz eğer, kardeş gibi olun; *yüceyseniz, yumuşak.*" Gwynplaine'in yumuşaklığı onun adalet kavrayışına bile nüfuz etmiştir. Dea saf iyiliği, masumluğu temsil ederken Gwynplaine karmaşıktır; dürtüleri, inançları ve asaleti olarak keşfettiği şeye duyduğu hayranlık arasında bölünmüştür. Kitapta yumuşaklık sapkınlığı baltalar, bir mücadele biçimi olarak tiyatro yoluyla direnişi, kalpteki asaleti ve bu dünya yaşamından sevgi dolu bir çekilmeyi önerir. Gwynplaine üzgün bir palyaço misalidir. Fakat zekâsı, bir başka ünlü yetim Oliver Twist'in zekâsı gibi, onu sinizmden alıkoymaz. Kör bilgeliğinin onu ölümden koruyamayacağı Dea'nın aşkı, aslında Gwynplaine'in alter egosudur. Hugo'da çok tanık olunan bu erkek ve kız kardeş figürleri özgürlük ve hakikat arayışının fahiş bedeline tanıklık ederler. Biri diğeri pahasına elde edilemez.

Yumuşaklık kendini sadece gönüllü köleliğin Hıristiyan biçimlerinde ya da bir ideale duyulan ibretlik sadakatte göstermez. Flaubert'in kısa öyküsü *Saf Bir Yürek*'teki hizmetçi neredeyse ahmakça ama kesinlikle travmatik bir "ket vurulmuş" yumuşaklık karakteridir. Hizmetçi, son nefesine kadar, kendi yaşamını tahkir etme ve benliğini reddetme noktasına varan bir görev ve kural bilinciyle şeylerle olan bağını sürdürme çabasındadır. Flaubert bir mektubunda kısa öyküsünü şöyle özetler: "*Saf Bir Yürek* adlı öyküm düpedüz unutulmuş bir hayatın öyküsüdür. Fakir bir taşra kızının öyküsü, dini bütün ama mistik, adanmış ama mütevazı, taze ekmek kadar yumuşak kalpli... Bunların hiçbiri sanıldığı gibi taşlama vurgusu içermiyor, aksine son derece ciddi ve son derece hüzünlüler."

Burada evrensel bir figür olan hizmetçi kendini feda etme noktasına varan bir başkalaşma, kendini başkasında kaybetme figürüdür. Onun yumuşaklığı kirli bir dünyada var olmaya devam eden masumiyetin kendini sevdiren ahmaklığı değildir artık. Aksine, daha iyi uyum sağlamış bir dünya tarafından yok edilen biraz inatçı bir aptallığın aleti olmuştur. Yaptıklarına karşılık kölelik ve ölüm dışında hiçbir şey alamaz. Bu kişi, yani Flaubert'in hizmetçisi, kendini kurban etme dışında hiçbir şey bilmez, yumuşaklığını da bir seçim ya da hüner olarak değil, en temelde çatışma ve şiddetten kaçınmak için geliştirmiştir. Böylelikle yumuşaklık onun için bir sığınaktan çok bir tür hapishaneye dönüşür. Feragatin, hatta hastalığın tarafında işler. Bu "saf" yumuşaklık kökenini çoğunlukla travma muhitlerinde bulur. "Saf" yumuşaklık Freud'un öznenin kurucu nefreti olarak tanımladığı şeye erişim sağlayamaz. Bu nefret normal olarak bebeğe dile erişmek ve ebeveynlerin dünyasından ayrışmak için ihtiyacı olan gücü sağlar. Eğer saldırganlık bir ayrışma anıysa, hayatta kalmaya müsaade eden de odur, aksi takdirde her şey aynı çıkmaz sokağa geri dönerdi.

Aptallık gibi yumuşaklık da iyi konuşmayı bilmez.

Genel Denetleme

Yumuşaklığa saldırmak çağımızın kutsalları —verimlilik, hız, kâr edilebilirlik— adına sıkça işlediği bir suçtur. Onu arzu edilebilir, takas edilebilir, kurumsallaştırılabilir kılmaya çalışırız ki her şeyi altüst etmesin. Yumuşaklığı yumuşaklıkla öldürürüz. Onu bozulmuş bir ilaca dönüştürürüz ve bu ilaca duyulan ihtiyaç da bize aşılanmıştır zaten.

Karamazov Kardeşler'in Dostoyevski'si, "Büyük Engizisyoncu" sahnesinde yumuşaklığı çağırır. Engizisyoncu kimsenin İsa'nın dönüşünü taşıyamayacağını bilir; bu sebeple mahkûm etme kararını kendi üstüne alacaktır. İsa yumuşaklığını bir an bile terk etmez; Engizisyoncunun kararlılığını ve gücünü yenen de yalnızca budur. Yumuşaklık küçük düşürme kuvvetlerini dönüştürmeye, hakikate terörden farklı bir patika açmaya gelir. "İnsanlar onlara önerdiğiniz özgürlüğü istemezler," der Büyük Engizisyoncu İsa'ya. "Ben bunun farkında olarak kendimi bu özgürlüğe kurban ediyorum, onları bundan mahrum bırakıyor ve bütün yükü üstleniyorum. İnsanlar kulluğu tercih ediyorlar; yönlendirilmek ve varoluşlarının yasası olmayan tercihlerinden azledilmeyi istiyorlar." Burada Freud'un Dostoyevski'yi okuduğunu anlayabiliriz, zira obsesif nevrotik istemediği bir özgürlüğün bedelini ödemeyi ne pahasına olursa olsun engellemeye çalışmaktan başka ne yapmaktadır ki? Dostoyevski'de sık sık olduğu üzere yumuşaklık adiliğin, ihanetin, şiddetin sınırlarında açığa vurur. Yumuşaklık, onu ihsan edenlere, yaşadıkları bölgenin çok uzağından kendilerine bulaşan bir ateşin muhataplarına yaptığı gibi nüfuz etmiştir.. Dünyada bu güçten düşmüş hal dışında bir var olma biçimi bulmakta gösterdikleri acizlik içinde özgürlükle kurulan benzersiz bir ilişki çıkar ortaya. Çünkü yumuşaklık ilkin zayıflık olarak görülür. Yumuşaklık bütün toplumsal görgü kurallarına aykırı davranır. Yumuşaklık gösteren varlıklar bazen direnişçi olurlar, fakat savaşı genellikle olduğu yerde vermezler. Onlar başka yerdedirler. Kendilerine ihanet ederken başkalarına ihanet etmeyi beceremeyenler, güçlerini her zaman bu dünyada bir var olma yolu olan bir eylemden alırlar. Ve ondan kaynaklanan tutku yalnızca yumuşaklığın azat edebileceği bir duygudan gelir: Başka bir yaşam.

Duyusal Şölen (II)

Hiç kimse hazzın özünü... bir güç duygusu olarak tanımlama cesaretini gösteremiyor.
Nietzsche

Gülmek, şarkı söylemek, sevmek; bunlar Dionysosçu güçlü edimler, sahici yaşam ifadeleridir. Yumuşaklık bedenlidir, yani yumuşaklık bir beden fikrini ve onun duyumsamasını eğitebilir, yükseltebilir ve yüceltebilir. Yumuşaklığın gücü duyular tarafından damıtılır.

Yumuşaklığa sahip olamayız ama onu konuk edebiliriz. Bir kalp atışı kadar ihtiyatlı, gerekli ve yaşamsal haliyle yumuşaklık buradaydı. Tensel gücü, duyusal hazlardan elin en hafif basıncına kadar uzanıyor; dokunduğunda düşünülüyor, kavrama gücü olduğunda dokunuluyor.

Yumuşaklık bedende sabit bir yer belirlemiyor, doğumdan itibaren burada, nefes aldığımız yerde, rüyalara eşlik ediyor ve onların gizli başkaldırısına katılıyor; kendini ancak olay gerçekleştikten sonra, uyku üzerinde bıraktığı etkide gösteriyor.

Bu dünyaya ait hiçbir olay ona yabancı değil; çünkü o, yaşayanların sorumluluğunu taşıyor. Yumuşaklık yoksa, insani dünyaya da varoluş da yok. Bunun sert olmayan bir ifadesi mümkün görünmüyor.

Yumuşaklık bir çocuğun dileğine benziyor. Kulağa fısıldanan şu vaat: Her zaman yanında olacağım.

Açığa çıkmamış haliyle yumuşaklık, kozalarına sarılmış kelebeklerin kanatları gibi, duyusala dönüşme sürecindeki her düşüncede yaşıyor.

Onun gücü kendini duyularla damıtır. Mümkün olan bütün biçimlerde erotiktir yumuşaklık. Onu içeren yönelim, mizaçların ve olumsuza da izin veren bedenin vahşiliğinin evcilleştirilmesi olduğu için, gölge ve karanlık, arzu duyan beden durumlarının parçalarıdır. Okşamaya ve oyuna dönüşmeyen, sahiplenme üzerine eğilmeyen arzusuz bir yumuşaklık yoktur.

Altta olandır yumuşaklık, gizlenir. Gözlemlenen her nesnenin altında, hemen alttaki dize, orada... dokunulan her şeyin, söylenen her sözün, başlayan her jestin altında, tıpkı sese dökülen bir dizeye eşlik eden enstrümantal melodi gibi.

Yumuşaklık deneyimlenir. Rüya gibi, etkilediği her şeyi tözünden alarak dönüştürür. Zarara uğratmadan bırakmaz.

Artan hazzın yumuşaklığı. Aşk ve erotizmin kesinliğinde terk etmek, tam da oynama, dokunma, alma, kendini verme ve hayal etmenin hepsi uyum içindeyken.

Yumuşaklık erotizmin kaynaklarından biridir; en vahşi, en özgür bölgelere ulaşabilir. O olmasaydı, gölgeler ve ışıkla bağlanmış bir yer de olmazdı, yakınlaşmalar olmazdı, terk etmeler olmazdı, oyunlar, icatlar, seraplar olmazdı.

Yumuşaklık bir jest olsaydı, okşama olurdu.

> "Okşama, duyuluru aşar. O, duyulanın ötesinde olanı, duyuların daha uzağında olanı duymaz. Aksine, nihai duyulanla ilişkisi içinde, yüce bir yiyeceği ele geçirir, verilmiş ve vaat edilmiş yiyeceğe yönelen bir açlığı sürdürerek, onu daha da artırarak, sanki okşama kendi açlığıyla besleniyormuşçasına. Okşama hiçbir şeyi ele geçirmez, durmadan kendi formundan asla yeterince gelecekte olmayan geleceğe kaçanı talep ederek, sanki henüz olmamış olanın gerisinde kalanı talep ederek. İşte bu, ortaya çıkmanın değil arayışın yönelimselliğidir: görünmeyene doğru harekettir."[11]

Okşama duyuları aşar. Hissedilenin ötesini, duyuların daha uzağını hissettiği için değil yüce olan bir besinin peşinden, her şeyi bu nihai olarak hissedilenle kurduğu ilişkide koruyarak gittiği için; çünkü bu açlığın yarattığı bir niyettir, kendini bu açlığa vaat eden ve veren besinin üstüne giden bir açlık, bir oyuk, sanki o okşama gelecek

11. Emmanuel Levinas, *Totalité et Infini*, Nijhoff, La Haye, 1961.

ve kendi açlığıyla dolduracak, doyuracak onu. Okşamayı okşama yapan hiçbir şeyi ele geçirmeye çalışmamasıdır; hiç durmadan kendi biçiminden bir geleceğe —asla yeterince gelecek değildir— doğru kaçanı, sanki hâlâ tam değilmiş gibi kendini kaçınan şeyi baştan çıkarmaktan ibarettir. Bir örtüyü kaldırarak olanı ortaya sermek değildir derdi, o araştırır: Görünmez olana doğru yürümektir.

Yumuşaklığın zıddı gaddarlık ya da şiddet bile değildir. Yumuşaklığın zıddı onun taklidi, onu taklit ederek bozandır. Tavizin her türü, sulandırılmış nezaket, yapış yapış duygusallık. Uyumsuzluk içindeki bir toplum tarafından nazikçe fakat sıkı sıkıya belirlenmiş tüm o sloganlar tehlikeli taklitlerdir. Yumuşaklığın doğasını, daha doğrusu bağlantısını, gaddarlıktan daha çok saptırırlar. Çünkü yumuşaklık dünyayla, başkasıyla, yumuşaklığın neşet ettiği yaşam prensibinin kendisiyle bir ilişki tesis eder.

Çıkarıma dayalı bir dünyayla yaptığımız inanç birliği sayesinde, bizi çöl —mistiklerin zirvesine taşıdığı patika— geçmeye mahkûm edecek kati bir kopuşu tecrübe edebiliriz. Artık hiçbir sığınakla karşılaşmadığınız o kayıp anlarından bahsediyorum. Bu karanlık an ya da nihilizm anı, yumuşaklıktan mümkün olduğunca uzak görünebilir, ancak değişim de tam olarak tüm dayanakların kaybolduğu ve tüm umudun yittiği anda meydana gelebilir.

Günümüz çağında "kabuğuna çekilmek" tahammül edilemez oldu, ya da bu inzivanın duyurulması, takvime bağlanması ve kayda geçirilmesi gerekiyor. Gizli bahçe bir pankartla işaretlenir, yani artık saklı değildir. Yumuşaklık bu geri çekilmededir ve ona ikincil erdemler eşlik eder: İnce düşüncelilik, meselenin ince taraflarını kavrayabilme yeteneği, sakınma, ihtiyat. Kendimizi göstermemek, kendimizi bir kenara çekmek ve kendimizi korumak; düşünmeye, kimliğin kati şekilde askıya alınmasına izin veren son gizemle taçlandırılır.

Yapay olan artık üzücü bile değildir; acıları, pişmanlıkları, beklentileri silmiştir. Reklam göz yanılsaması olarak hüküm sürer. Bu hükümdarlıkta haz arayışını daha incelikli hale getirme peşinde oyalanır dururuz. Bizi öncelikle aşk acımızdan, altüst oluşumuzdan mahrum bırakır. Hatıralar yasaklanır. Her şey kendini bir döngüde tekrar eder, ne bir tehlike ne de hıçkırıklar vardır. Burada gamsız olmak gerekir; böylece şiddet şüphelisi bir geçmişten, işe yaramaz kaygının yükümlülüğünden kurtuluruz. Geçmişi hayata döndürme çabalarımızsa, tabii, nafiledir. Daimi vahşiliğinde yapay bir tatlılık hissi sunan bir mekâna gürültü çıkarmadan girmeye davet ediliriz.

Yapay olan, hiç kimse ona kısıtlama getirmediği için ayrı bir yerde durur. Yasaya —bu bir kodeks bile olsa— katkısı yoktur. Herkes seçmek zorunda olmaktan azat edilmiştir; boşluk yoktur, tereddüt yoktur, sürpriz yoktur. Gönüllü kölelik yasadır, burada sükûnet hüküm sürer. Burası psikiyatri hastanelerinin tecrit koğuşlarının koridorlarından daha sessiz değildir. Bu dünyaya doğru emin adımlarla ilerleriz. Hiçbir yazı, hiçbir hüküm, hiçbir hâkim, hiçbir mahpus... Hiçbir şey herhangi bir şeyin sınırını ihlal etmez. Yapay olandan *başka* bir mekân yoktur. Ufuk çizgisi kendi etrafına ilmiklenir. Bir çıkış yolu fikri bile yıkıcıdır; bu yüzden de, yoktur. Adalet anlamsızdır; çünkü aşılacak herhangi bir şey yoktur. Bütün erotiklik kaybolabilir; arzu fikrinin kendisi bile tuhaflaşabilir. Arzu duymanın kaynakları; idrak, eksiklik, susuzluk, bekleme, baş dönmesi, ten, okşama, düşme, askıya almaktır. Yumuşaklık. Yapay olan, bunu sağlama almak için dışarıdan gelecek hiçbir çareye ihtiyaç duymadan, tebaasıyla kendi kendini düzenleyebilir. Özneler gereksiz kederden, kaygılı beklentiden, hassasiyetten kurtulmuşlardır. Her birimizin taşıdığı cinsiyet gibi isim de ödünçtür; onu tutabilir ya da ondan kurtulabilirsiniz, belirsiz ve nötr bir zamirle tanımlanabilirsiniz. Beden çözülmüş bir problemdir. Toplam sonuç hep bilinmektedir; sınır tanımayan bu şey suçu değil acımasızlığı çağırır. Umut edilecek veya korkulacak bir şey yoktur, zira her şey devam edebilir ve sonsuza dek yeniden başlayabilir. Yapay olanın tersi yoktur, çıkış yolu bırakmaz.

Tükenme

Yumuşaklığı umut etmek de kuvvet ister. Zaman zaman ona duyduğumuz inancı kaybederiz. Yavaş yavaş, sessizce aşınır. Kendi yıkılmışlıklarını dışarıdan asla belli etmeyen kayıp yaşamlar vardır; sadece kendileriyle, başkalarıyla ve dünyayla olan ilişkilerinde açığa çıkar bu yokluk. Yumuşaklığa duyduğumuz arzu daha da eski bir zamandan gelir. Dile giriş yapmadan öncesine dayanan bir ilişkiden.

Yumuşaklık eksikliğinin neye yol açacağını bilmiyoruz. Çiğnenmiş kelimeler, incitilmiş, kanı emilmiş bedenler, yorgun tutkular — fakat hepsinden öte ateşe verilmiş duygular, yaşamın bu kıyısına asla geri getirilemeyecek saf varoluşsal küller. Bu boşluğu örtmek için tatminler imal ederiz. Başka durumlarda ise bize, bilinçli ya da bilinçsiz, yumuşaklık göstermesi gereken ama gösteremeyen kişileri, yine bilinçli ya da bilinçsiz, tenzih eder, daha baştan mazur görürüz. Bu eksikliği gerekçelerle, yalanlarla, mazeretlerle ve bahanelerle karşılarız. Onu kendi boşluklarımızdan mesul tutarız. Artık katlanılamaz değildir; bizi sadece yaşamaktan caydırır. Günümüzde "depresyon" dediğimiz şey yumuşaklığa duyulan bu ihtiyacı yok saymanın başat yollarından biridir. Başkalarına anlatmak için kendi şeffaf olamayışımıza dair bir anlatı yaratırız, hem de en iyi niyetlerle. Dinimizi değiştiririz, aslında hiçbir şey değişmiyordur. En rahatsız edici olansa ucuz duygusallaştırmadır ki gerçekte duygudan nefret ettirir bizi. Zira duygu, duyulduğu kadar düşünülür de. Özgürlüğü körükler. Duyusal alıcılarımıza gaddarlık yapılır; mazur görülemeyeni topluca kabullenmek zorunda kalırız. Maddi yaşamı oluşturan koşullarda gaddarlık vardır; varlıkların kapana kısıldığı manevi ve duygusal bir çöl vardır. Yumuşaklık eksikliği her yere yayılır. Bir lanet kadar güçlü bir yalnızlık yaratır. Hiçbir servet, hiçbir duygusal tatmin onu kesintiye uğratamaz.

Yarı Gölge

Hiçbir zaman bu kadar değildi ama, bir topyekûn şeffaflık baskısı —"müstehcenlik"in siyasi biçimi— altında yaptığımız tam da gizlenmektir. Oysa yumuşaklık bu teşhircilik tahakkümü altında ortaya çıkamaz. Yarı gölge, yumuşaklığın doğduğu topraktır. Zorluğun, belirsizliğin, doğanın, açılanın bir yumuşaklığı vardır; bekleme ve başlama alanını talep eden bir yumuşaklık. Günah çıkarmanın kaba ışığı ona uygun değildir. Komplo ya da kişilerin saptırılabilir olduklarına ilişkin genel kanı, bütün gizli alanların aslında sapmanın taşıyıcısı ve gerekli görüldüğünde itiraf edilmeye uygun oldukları izlenimiyle atbaşı gider. Kendini ortaya çıkarma biçimi açık saçık olmayan her şey, bir paranoya anında şüpheli sayılacaktır, yumuşaklıkta olacağı gibi.

Yumuşaklık eksikliği viraldir. Zehir gibi yayılır. Bir melankoliği gözyaşlarından, yani var olma amacından yoksun bırakırsanız, siz onun iyileştiğini sanırken o kendini yok etmeye çalışacaktır. Dante'nin cehennemindeki lanetliler gibi, kişiliğini hiçbir zaman bütünüyle içinden çıkaramadığı arafa düşecektir. Nostaljiden vazgeçmek zaman zaman başarısızlığa uğrama yürekliliğini gerektirir. Melankoliğin muhakkak ki en başlangıcından beri bir yumuşaklık eksikliği vardı. Yerine verecek yeni armağanlar yetersiz olduğunda, sütten kesmek imkansızdır. İhmal edilmiş çocuklar anlar bunu. Çok erken yaştan itibaren ebeveynlerinin ebeveyni olmak zorunda kalmış olanlar, kurbanı da ebeveynleri yerine, kriz esnasında yaklaşabilecekleri kimseleri olmadan vermeyi sürdürmüşlerdir. Sessiz kalıp omuzlarını kaldırarak ustalıklı bir şekilde amaçlarına ulaşmış (unutulmuş oldukları için) ya da tümden kaybetmişlerdir (unutulmuş oldukları için). İhmal edilmişlikleri kendileri haricinde kimseye görünür değildir. Varoluş oyunu kendi üzerlerine çöktüğünde ve koruma tamamıyla ortadan kalktığında, bu yumuşaklık eksikliği kaygıyı tahammül edilemez hale getirir. Çarklar ayarlanabilir, başarılı bir kariyerleri olabilir, fakat eksikliği inkâr edecek kadar kendinden uzaklaşmış olanlar, onun boğazlarını günbegün biraz daha fazla sıktığını hissedeceklerdir. Yumuşaklık, bu boğaza yapışan uğursuzluk duygusunun, kendini bakışa, dokunuşa, duyuşa, tada açan bir gözlem —ne kadar küçük olursa olsun— karşısında kırılmaya başlamasıyla ortaya çıkar. Yumuşaklık, insanın içindeki terörü yenebilir.

Tolstoy'un *Efendi ve Uşak*'ı

Soğuk bir Aralık gecesidir. Efendi ve uşağı ormana doğru yola koyulur. Kar yağmaya başlar, yavaş yavaş her yeri örter. Kızağı bir şekilde ilerletseler de at bir hendeğe yönelir ve oraya saplanır. Soğuk yavaş yavaş hepsini ele geçirir. Efendi her şeyin bittiğini anlar. Ama birdenbire içinde bir şey değişir. Tolstoy,[12] ahlak dersi vermeden ya da sahneyi dramatikleştirmeden, yumuşaklık diyebileceğimiz bir şeyin efendinin kalbine girmesi anına dek karın beyazlığının tüm hikâyeyi sarıp uyuşturmasına izin verir. Efendinin üşüyen uşağını kendi bedenine sardığını, onu paltosuyla ısıttığını ve en sonunda da onun yerine öldüğünü görürüz. İşte yumuşaklık tam da otoritenin koltuğunda işbaşındadır. Yumuşaklık zalimliğin çatlaklarında bekler ve o çatlakları bir eldiven gibi ters yüz eder. En umulmadık yerde ortaya çıkıverir. Bu tarz yumuşaklık Hıristiyanlığa değgindir —İsa'yı, otoritenin her vasfını

12. Lev N. Tolstoy, *Efendi ve Uşak*, Çev. Erol Erduran, Remzi Kitabevi, 2021.

gönüllü hizmete çeviren bir figür olarak görürsek tabii—. Örneğin İsa havarilerinin ayaklarını yıkadığında, artık açıklamanın ya da gerekçelendirmenin mümkün olmadığı sonsuz bir insani jest başlar. Kızakta bir af, sabır ya da adalet sorusu yoktur artık. Uzaktaki kurtlardan, soğuktan, kardan ve geceden başka tanık kalmamıştır. Oradaki manevi mücadeleye ya da teslimiyete dair de hiçbir şey bilinmeyecektir.

Duyusal Şölen (III)

Neşe, yumuşaklığın isimlerinden biridir.

Chardin'in[13] beyazı, süt, kandil, karanlığı soğurup ondan bir örtü yapan açıklık; ağırlığı alır, donukluğu kaldırır. Öncel bir aydınlık. Yumuşaklığın özelliklerinden biri de, belki de budur; öncel olmak. Varlığa değil saf mevcudiyete ait bir nitelik. Pierro della Francesca'nın *Madonna del Parto*'daki mavisi. Bu freskin mavisi, parlak geceye gizemle açılan bir izdir.

Yumuşaklık her şeyden önce damak tadına, yenidoğanın emme hafızasına aittir. Şekerin[14] lezzeti evrensel bir metafordur. Tatlılık ve bal. Sütün, incirlerin, güllerin kokusudur; bize ilk bedenimizin çok sevgili kokularını hatırlatır, bedenden önceki bir bedenin, duyusal olduğu

13. 1699-1779 yılları arasında yaşamış, natürmort resim ustası olarak anılan Fransız ressam. –yhn

14. Fransızcada Douceur, tatlı veya küçük bonbon, şekerleme anlamlarına da gelir. –çn

kadar ruhsal da olan, öz-bilincin ve korkuya can atan bir çağın tiranlığıyla hapsedilmemiş bir bedenin.

Yumuşaklık tutkuya ve tutkunun özendirdiği narsistik ayna oyununa karşı çıkar. İtidalden veya kayıtsızlıktan çok uzak bir şekilde yumuşaklık, beraberinde esrimenin bir başka ismi olabilecek bir sıcaklık taşıyabilir.

Yumuşaklık ruhsal olduğu kadar tensel bir niteliktir; erotik bir niteliktir, başkasının arzusunun idrakini ne zapt etmenin ne de kısıtlamanın peşinde koşan, yalnızca algının tüm menzillerinin açık oyununu arayan bir erotik nitelik.

Yumuşaklık zamanla tam da şimdinin kalp atışında uzlaşmış bir gelecek ve geçmiş hissi bulan, yani bölünmemiş bir zaman hissi bulan bir ilişkidir. Bu uzlaşmış zaman yaşamı mümkün kılar. Yumuşaklığın yakın devrimi, tekrarın ve melankolinin sınırlarını aşan bir zamansız özgürlüğün gücünü taşır. Hayvanlığın tadını ve dokunuşunu, şimdisini ve zarafetini. Ve ışımasında, çocukluğun asli mevcudiyetini.

Korkuda yumuşaklık olabilir.

Yumuşaklık cilde dinginlik verir; şeylerin, ışığın, dokunuşun, suyun dokusuna karışana değin. Bizde zamanın minik fragmanları aracılığıyla hüküm sürer; mekân vererek, gölgelerin ağırlığını kaldırarak...

Bir salıncak. Tepetaklak, altüst dünya. Saf saadet. Gidip gelmenin yumuşaklığı.

Şiirin, dilin içsel ritmi olması gibi bir ritimdir, aksak nota, ritmi birden değişen (senkop) tonlama. Baudelaire'in ya da Rimbaud'nun mısralarının kendilerine özgü bir yumuşaklıkları vardır; çünkü bizi maruz bıraktıkları gerçekliğin sertliği ya da vahşiliği, beş yüz otuz dört okumadan sonra bile, hiçbir şeyin evcilleştiremeyeceği yeni, çiçek açan bir dilde aktarılmıştır ve imgelerin bu kendiliğinden gelip baş döndüren doğası yumuşaklıkla ortak ve gizli bir ölçüsüzlüğü paylaşır. Yumuşaklık ruhsal olanla materyal olanı birbirine bağlar, en öznel niyet ile dünyanın en nesnel araya girişini, zekâ ile cehaleti, biri ile diğerini... Gerçekliğin kıvrımlarını geriye doğru çeken fakat onları uzlaştırmayan bir şiir gibi dünyayı örer yumuşaklık.

Yüceltme

Tutkuların tesiri altında en çok kalan insanlar bu dünyadaki yumuşaklığın tadını da en çok çıkarmaya kabiliyeti olanlardır.
Rene Descartes

Yumuşaklık bir yüceltme midir? Freud için yüceltme, dürtü temsili tatmin edici bir çıkış bulamayıp nesnesini dönüştürmeye razı olduğunda ortaya çıkar. Freudcu kelime dağarcığı simyaya değil, bilimciden beklenen katılığı ve baş döndürücü keşiflerin dayattığı gittikçe büyüyen bir tutarsızlığı barındıran zamanının nöro-biyolojisine dayanır. Artık ölçüleri değiştirdik; nano-teknolojiler bedenlerimize organlara destek sağlayıp genlerimizi gittikçe daha isabetli bir şekilde okuyabilecek kadar girdi artık. Fakat Freud aynı zamanda bir vizyoner, bir sosyolog, bir antropolog ve bir araştırmacıydı. Kendi hipotezlerine meydan okumadan duramazdı. Yüceltme kavramını önerdiğinde, başarısızlık halinde bile haz ilkesine teslim olma dürtüsünü sağlayan şeyin ne olduğunu soruşturuyordu. Arzunun gerçekleşmesinin takip ettiği güzergahı, onun neden değil de bir bakıma "nasıl" gerçekleştiğini gözlemlemeye çalışıyordu. Yüceltilen şey en temelde cinsel enerji, yani libidoydu. Yüceltme kelimesinin kendisi zaten güzele ve tamlığa işaret eder. Bu kurguda gözden kaçan cinselin kendisidir; bedenin geriye kalan tek anlamı kendi momentumunda tutulmuş arzunun koyduğu gölgelerdir. Söylem, imge, dansçının bir adımındaki arabesk, liedler,[15] tüm bunlar gizi ve hep kaçındığı tav ocağı cinsellik olan elipslerdir. Yüceltilen arzu tam da iptal edilmesi gereken yerden gelmelidir. Bu açısından bakıldığında, yumuşaklık en arkaik hayvani reflekslerimizin şiddet ve gaddarlığını kültürel olarak yüceltmektedir: Bağırtıdan fısıltıya.

Yumuşaklık, daima kendi tamamlanmasının koşullarını korumaya çalışan yaşam dürtüsü anlamında güç değildir. Yumuşaklığın yücelttiği şey tam da yaşayana erişimdir. Yoksa yumuşak bir dürtü mü?

15. Piyano veya saz ekibi eşliğinde seslendirilen Almanca şiirler. –yhn

Zalimlikler

Dostoyevski'nin insan ruhunda örtüsünü açtığı şey rafine bir zalimliktir. Stavrogin'in *Ecinniler*'deki lanetli ruhu Piyotr Stepanoviç utancı, adiliği ve ihaneti, fakat aynı zamanda sinik, şık ve rafine alçaklığı temsil eder. Kötülük etmenin derin hazzı. Bu anlamıyla Kirilov'un cinayet/intihar sahnesi saf gerçekliğin bütün korkunçluğuyla ortaya serildiği çığır açıcı bir andır. Etrafına ektiği kötülük başkalarıyla bağ kuramama kabiliyetsizliğinden ileri gelir. Heitor de Macedo'nun bu kitaba adanmış fakat henüz yayımlanmamış bir seminerinde belirttiği gibi, "Stavrogin bir anlamda iyinin ve kötünün ötesindedir. Değişmemiş ve değiştirilemez bir biçimde bağlar oluşmaya başladığı andan itibaren onlara durmadan saldırır. Bağlar böylece sanal ve onaylanmamış bir şekilde kalır, onunla başkaları arasında bir değiş-tokuş örer."[16] İnanıl-

16. Heitor de Macedo, *Séminaire La Clinique de Dostoievski*, Les démons, 2012-2013.

maz kuvvette bir hayvan olarak yolunun kesiştiği erkekleri ve kadınları baştan çıkarır, küçük bir kıza tecavüz edip intihar etmesine sebep olur ama günah çıkarırken kendisini sıkıntıdan kurtarmaya yetecek bir düşüncesinin bile olmadığını kabul eder. Stavrogin tersine çevrilmiş bir İsa figürüdür. Kurtuluşun hiçbir zaman ulaşmadan yakınından geçtiği nadir bir insanlık örneğidir. Keşiş Ticcone'yle yüz yüze geldiğinde veya Çatov'un kendisine verdiği aşkla karşılaştığında bile yapabileceği bir şey yoktur. Yüce Lisa karakteri onu kurtarmayı başaramaz. Lisa'nın kötüye karşı zırhı yoktur. Kendini Stavrogin'e vererek işleri tersine çevirmeyi dener ve onun yalanıyla karşılaştığında gidip çılgın kalabalığın kendisini öldürmesine izin verir. Hiçbir kurtuluş mümkün değildir, karar böyledir. Fakat yine de Stavrogin'de yumuşaklık vardır. Uç bir vahşiliğin yumuşaklığı. Her zaman kendini tehlikede bırakarak, olduğu haliyle, yasa ve adetleri açıkça ihlal ederek ve çağdaşlarının sahte iddialarına başvurmadan ilerlediği ölçüde bir yumuşaklık. Hasmıyla hiç niyetlenmeden girdiği düelloyla, karşılık olarak valinin kulağını ısırmasıyla, Rus devriminin en yüksek ideallerini kuşananları intihara, cinayete, korkaklığa sürüklemesiyle; farkında olmadan tecessümü olduğu iğrençliği açıkça ortaya koyar.

Stavrogin, mottosu, "Kendini yıkarak dünyayı yık," olabilecek Byroncu bir figürdür. Onun için düşüncenin her şeyi yapamayacağını kabul etmek imkansızdır. Acının —öznenin sahip olduğu tek şey— geçip gitmesine de izin vermez. Acı ona özünü veriyordur.

Alıcıları sonuna kadar açmak başkayı düşünmenin koşuludur. Gerekli bir çilecilıktir. Hayatı ve olasılıkların sahasını genişletecek bir harekât. Düşüncenin taşıyıcısı olmak bir sorumluluktur; iyi ve kötü sorusu tam o anda ortaya konur. Neşeyle çeşitli yakınlıkları paylaşan yumuşaklık, bizatihi kötüye karşı korumaz; hatta onun aracı bile olabilir. Kötülük, kötülük bilinciyle mecburi olarak örtüşmek zorunda değildir. Hatta onunla heterojendir; kötülük, iyiliğin etkililiğini ve ideali sabırla kendine düşman edebilmek ve böylelikle herhangi bir yaşam ihtimalini yok etmek için kendini ideale, iyiliğe yükseltir. Kendini yok etmenin cazibesi yaşamın kendiyle başlar. Yumuşaklık aynı zamanda celladın da kapıldığı bir cazibedir. Zerre zerre aşktan nefrete ilerleme: Bir insan nasıl cellat olur? Kötülüğün bir gün sizi etkisi altına aldığı —yetkilendirildiğinizde ve savaş zamanlarında dahi— ve tetiği çektiğiniz doğru değildir. Kötülükle önceden mutlaka düşüp kalkmışsınızdır. Yumuşaklık dengesini yitirip korkuya düştüğünde, bu zaten onu barındırdığı içindir. Bu anlaşma çocuklukta mı başlamıştır?

Zalimlik, kendi hayatı olmaya doğru gelişen canlıyı sarmalayan ve ona otonomisi, özgürlüğü, irtifası için gerekli şartları sağlayan şeye karşı yapılmış bir saldırıdır. Zalimlik, mümkün olanı ezer, bir sulama ve aktarma —kelimenin tam anlamıyla bir "nakliye"— olan kırılgan korumayı son nefesine kadar havasız bırakarak. Zalimlik yalnızca dışına, cildine saldıracakmış gibi yaparak kalbe ulaşır. Çünkü başkası olmak zalimliği besleyen ilk suçtur. Yumuşak bir sesle söylenmiş canice sözler, kalbe daha iyi ulaşabilmek için okşarmış gibi yapan şiddet formları vardır.

Cehennemde

Yirminci yüzyılda meydana gelmiş yıkımın bir adı var: Shoah.[17] Her varlık kendi tarihi, soy kütüğü ve düşüncesiyle iç içedir. Adlandırılamayan, işte burada, daha önceden kötülüğe uygun gördüğümüz bütün sınırları zorlamayı başardı. Zamansal, ailevi ve tarihi olarak ondan çok uzakta olduğumuzu sansak da bu travmadan henüz hiçbirimiz tam olarak uyanamadık. Böyle bir planlama, teknikle ihanetten müteşekkil ölümcül bir ideolojinin canavar yüzüdür. Her barbar edim bir ihanete dayanır.

Tarihimizin tam kalbinde Nazizm, bomba, soykırımlar ve toplu tehcirler var. Hayatta kalmak, ne kadar ince olursa olsun bir tavra, duruşa bağlıysa ve ölüme bu kadar yakınsak, yumuşaklığa ne oluyor? Her birimiz bu hafızayı taşıyoruz. Tüm ufku kendi aile tarihinden ibaret bir varlığın söylevini artık kabul edemeyiz. Şimdi büyük

17. Felaket anlamına gelen İbranice sözcük. Holokost veya Yahudi Soykırımı olarak da anılmaktadır. –yhn

tarihin, yıkımın gölgelerinin, toplu travma işaretlerinin ve unutmayla sessizlik dönemlerinin izlerini sürmeliyiz.

"Edilgen bir yumuşaklık girmiş içine, önsezi gibi bir şeye sahip. Basiretsizliğin en yumuşak hali olabilecek bir felaketin anısı. Biz felaketin çağdaşları değiliz: Bu onun farkı ve bu fark, onun kardeşçe tehdidi."[18] Felaketten çıkış yok; uğursuz bir alamet gibi yayılıyor ve tarihi içeriden sarsıyor. Hiçbir sözün aşılayamadığı bir süreç, travmanın sadece bireysel değil toplu olarak da düşünülmek zorunda olduğunun görülmesini sağlıyor. Felaketin "en yumuşak basiretsizlik" olmasını mümkün kılan şey de onunla çağdaş olmamamız. Travma sürdüğü müddetçe özne olmanın imkanını yok ediyor —aklı başında tanıklar travmayla ezilmeden yüzleşebildikleri zaman görülen ender istisnalar hariç tabii—. Yerle bir edici bir şey bu üzerimize düşen, bizi kardeş olmaktan alıkoyuyor.

Fakat yumuşaklığı çağırmak tam da bunun için önemli. Birinci Dünya Savaşı'nda dâhi savaş psikiyatristi W. H. R. Rivers'a savaş alanında yere yığılıp sanrı ve kaygılara tutulan askerleri "yeniden doğurma" görevi verildi. Bu askerler ne firariydi ne de korkak, bu yüzden infaz edilemezlerdi. Onların tedavi edilmesi gerekiyordu, ki bu sayede yeniden savaşmak için cepheye geri gönderilebilsinler. Zorlu bir görevdi bu. Bu askerler ruhlarında ve bedenlerinde, silah arkadaşlarını ikiye bölen patlamaları duyuyorlardı; sanki sabitlenmiş bir anda sahneyi yeni-

18. Maurice Blanchot, *L'écriture du désastre*, Gallimard, s. 14.

den ve yeniden yaşıyorlardı ve daima uyuşturan kanın kokusunu alıyorlardı. Yaşayan lanetliler gibiydiler. Rivers bu insanlar için yakınlığa, söz verebilme yeteneğine ve şefkate dayanan insani bağın güvenilirliğini yeniden canlandırmaya yönelik dinleme seansları önerdi. Teklif ettiği şey bir kurtuluş vaadi ya da olası bir kaçış değil, ölülerin hafızalarına barınak sağlayıp yaşama, yaşayanlar arasında yeniden yer açabilecek sözcüklerdi.

Dinlenmek

Benim nazarımda yumuşaklıktan
başka bir ihtişam yok.
Simone Weil

Ben daha ziyade şöyle *derdim: Yumuşaklıkla*
olmayan hiçbir bir aşırılık yoktur. Aşırı
yumuşaklıktan gelen delilik, yumuşak delilik.
Maurice Blanchot

Bir psikanalist nasıl idare edeceğini bilemediğinde bile, yumuşaklık olmadan dinlemez. Yumuşaklık başkasını davet eden bir davranışa iştirak eder. Psikanalist bazen hiçbir şey duymayabilir, hayallere dalabilir ya da karşısında duran ve onu orada durmaya zorlayan kişi dikkatini dağıtmış olabilir veya o kişiye kızmış olabilir. Belki kendisine anlatılan hikâyeden, ötekinin yüzünün veya sesinin su yüzüne çıkardığından hiçbir şey anlamayacaktır.

Şu var ki dinlemeye mahal veren, diğerinin kendisinde farkında olmadığı bir duygunun düşünceye taşınabilmesi olasılığıdır. Psikanalistin konuşan, yakınan, acı çeken, bocalayan kişiye yöneltiği dikkat (bazen serbestçe dolaşan), ayrıntılara yöneltilmiş özel bir dikkattir: Sesin tonu, bir anlık tereddütten açığa çıkan imgeler, tavır, tuhaf şekilde bir araya getirilmiş kelimeler, dil tutuklukları. Psikanalist bunlara da anlatılan şeyin kendisi kadar dikkat verir. Görünüşteki hareketsizliği, zar zor dayanan sessizliği, düşünceleri vb. hiçbir şey sıkıntısına ihanet etmez. Mekânı ve öncelikle de orada karşısında duran başkasının bedenini işgal eden ve onun nefsini kırmaya yönelen şikâyetlere direnir. Düzenli buluşmalarında aynı nakaratlarla anlatılan hikâyeye, hatta bilme dürtüsüne bile direnir. Başka bir şekilde *duymaya*, hayaletleri kovalamaya çalışır.

Şikâyet sürekli eksikliği dile getirir: Hakiki sözlerin, cinselliğin, tanınmanın, onurun eksikliğini. Şikâyet artık şikâyet bile olmaktan çıkar, sünene kadar kullanılır. Travma, savaşların tarihi, unutma, çarpıtmalar ve boşluklar... Bunlara kaynaklık eden şey, haklarını talep edecek girift bir sessizlik alfabesiyle örülmüştür. Analistin direnişi her bir seansta, yolun her bir santiminde ona düşman gibi davranan içerideki işkenceciye karşı verdiği bir mücadeledir. Hasta bunu bilmez fakat bazen tahmin eder. Her olayı bir geçmişin tekrarı haline getiren, sürekli olarak başkaları ve kendisi arasına giren süperegonun bu aldatıcı ve yumuşak tiranlığının boyunduruğuna maruz kalan hastadır. Bu Sadist Efendi neyin doğru neyin yanlış, neyin yapılabilir neyin yapılamaz olduğuna karar verir ve bu parçalanmaya tanıklık ettiği için analistin eli kolu bağlıdır. Hakiki bir katliam. Olmamız gereken şey adına ya da daha kötüsü, olmuş olmamız gereken şey adına; yine geçmişi yaşayan bir sitem haline getiren bu koşullu geçmişin katliamı. Seans üstüne seans, kişi her seferinde şikâyet etmeyi ve bahane bulmayı nasıl başarır? Bunun gerçekten yazgıyla ilgili olduğuna kendini ikna etmeye çalışmak: Psikanalist, önceden yazılmış bir senaryonun katılımcı tanığına dönüşür. Ve işkenceci bu tanıkla iyice bir alay eder, teveccühüdür onu gülümseten.

Psikanalist bu yumuşaklık eksikliğini işitir. Bu "alınyazısı" diye anılan şeyi değiştirebilmeye inanmak için hangi kıyıda durmak gereklidir? Yumuşaklığın algısı sonradan gelir. Bir kısıt aşılmış, bir ölüm geride bırakılmış, yasak bir sınırın üzerinden atlanmış, utançtan kurtulunmuştur. İşte yumuşaklık o zaman meydana çıkabilir. Harekete geçer, buluşmayı bozmaya gelir. Tahmin edilemez hakikatler ortaya çıktığında konuşmanın yönünü değiştirir. O zaman bir yumuşaklık merhemi akın eder. Devam etmeyen bir lütuf durumu. Fakat her şeye rağmen, ortaya çıkmış olacaktır. Analist işte bu anlar için oradadır. Kelimeler arasında, işaretler arasında, bir rüyanın, bir sessizliğin, çok hızlı nefes alıp vermede duyulabilen bir korkunun çatlaklarında ortaya çıkanları dinlerken çoktan bir geçiş yapmıştır. Mikro-akortsuzluklar, tonlamadaki aralar. Acıyı ve ıstırabı taşıyan bu ses nehrinde bilinmeyen, unutulmuş geçitler vardır; bize ulaşmak için rüyaların takip ettiği, görüşü büyüleyen ve uykusuzluğun musallat olduğu geçitlerdir bunlar.

Benliğimizin ötesine bağlanırız. Davranışlarımızı izleyip düzenleyen psişeye atfettiğimiz her şeyden sonsuzca daha engin olan bir algılayış. Yumuşaklığın zamanı yoktur, o zamanın kendisidir. Onun mevcudiyetinde bize ulaşan hatırlama duygusunun kaynağı olan zamansallığı bütünüyle sarmalar. Bunca zamandır var olmayan, ortaya bile çıkmamış bir kaçışı, salt bir yansımayı, bir serabı aradığımızı anlamak için bu kadar çok zamana gereksinim duymuş olmamız ne acı. Önemli olan sadece benlikle, yani hayatı kapsayan ve kuran şeyle, bir adalet fikriyle, sevmenin, vermenin bir yolu olanla buluşmanın nasıl olduğudur.

Yumuşaklık bizi ziyaret eder. Onu asla yönlendiremez, ona asla sahip olamayız. Eşi görülmemiş bir şeyin ortaya çıkması için onun gelgitlerine girmeyi, oyuklarla dolu yollarına ayak basmayı, kaybolmayı kabul etmeliyiz. Yumuşaklığın bu ince, kırılabilir alana —oraya gelen her şey sizin rızanızla orada kalır— yerleştiği söylenebilir; bunu önceki benliğinizin sınırları içinde anlayamasanız veya kavrayamasanız bile.

Bunca acıyı kendimizi hüzne kaptırmadan nasıl dinleyebiliriz? Hüzünde, sizi bir kez ele geçirdi mi bırakması zor bir tutku biçimi vardır. Dile getirilemez olan, bazen çok uzun bir süre önce terk etmiş olduğumuz mücadele mekânıdır. Bilinçdışı denilen bu alanda zaman geçmez. Olayların eşzamanlılığı kendi içimizde bir yerde, ara vermeden veya telafisi olmadan gelişmeye devam eder; keder, aslında temsil edilemeyen veya konuşulamayan, fakat yalnızca hayalet olarak geri dönebilen bir tecrübenin kaynağındadır. İnce ve ısrarcı bir üzüntü şeklinde musallat olur. Analist, bu adamın şu anda söyleyemediği şeylerde teselli edilemez bir şey olduğunu bilir ama yine de buraya teselli aramaya gelmiştir işte. Ya da en azından, analistin dinlemesindeki yumuşaklığı aramaktadır. Yumuşaklık, hiçbir hikâyenin anlatamayacağı bir zamanda donmuş, teselli edilmemiş kederin bir kısmını ağırlayan şeyin diğer adı olabilir. Analistin sadece orada olması ve bekleyişi paylaşması yetecektir. Adam üstesinden gelmesi imkânsız bir ayrılıktan, çok da düşünmeden ayrıldığı ve şimdi ona musallat olan kadından bahseder. Bu kederi, hafızanın bu ağrılığını anlamaz. Yapılması gerekeni hatta daha fazlasını yapar ama hiçbir şey hüznü fethetmeye yetmez. Bir "maziden" bahseder; orada onun adına karar verilen bir şey vardır ve o bunu görememiştir.

Dinlemenin gücü, askıya alınmış bir gerçekleştirmedir. Bekleyen tamamlanma. Kelimeler adlandırdıklarını kaçırır. Söylenenler sürekli bu kelimeleri gizliden destekleyen formüle edilemezle mukayese edilir. Psikanalist dinleyerek söylenemeyecek olana ulaşmaya, tereddütleri duymaya; yasaklamış, silinmiş kelimeleri geride tutan duyguyu duymaya çalışır.

Aristoteles doğada gücün bilfiil hale gelmesi açısından bir mükemmellik bulunduğunu söyler. Var olan her şey bu açıdan düşünülebilir. Bu gücün yükünün desteklenmesi gerekir. Kaçan —tercüme edilemeyen, asla dile getirilemeyen— o şeyin zamanında tam da kelimelerin, dilin, ritmin, ritüellerin olmasına izin veren şey olduğunu anlamak. Çalgı telinin ruhu (böyle denilir) budur; telin geri kalanı onun etrafına dolanır.

Birbirini dinleyen iki taraf değildir mevzu; bilfiil dinlemenin kendisidir tarafların arasında açılan. Bu yumuşaklık, yakınlaşan iki yabancıyı birbirine bağladığı için ortaya çıkar; haftada bir veya iki kez, aynı saatte, aynı yerde. Bu yabancılar bir zamanlar çocuklardı; düşünceleri, hayalleri, korkuları, hasretleri, şaşkınlıkları, aşkları bedendeki ışık parçalarına yerleşmiş, kelimelere yerleşmiş, gözlerini aydınlatan şeye yerleşmiş çocuklardı. Dinlemenin gücü, gerçeğin mikro-kaydedicileri olan psişenin kıvrımlarındaki —Deleuze'ün anladığı anlamda— bir ateşleyicidir.

Dinlemek, beklenmedik olana göz kulak olur.

Beklenmedik olanın, tesadüfün, karşılaşmanın en yumuşak ifadesi dinlemek değil midir? Hayal gücünüzün belirlediği sınırların ötesinden size ulaşan şeydir o. Hayal edilmemiş olan umutta kök salar, yaptığını bozar ve aynı anda onu tamamlar. Dinlemek gerçeğin niteliğidir. Belki de en yumuşak niteliktir ve biz bu yüzden mi ne pahasına olursa olsun kilitleri kırarak girmekten kaçınmak isteriz...?

Yumuşaklık, karşı açıdan, bütün mekânı da yanınıza alarak dolambaçlardan gitmektir. Yol yoktur, tabela yoktur, manzaranın haritası yoktur. Ruhsal mekânın maliyeti; bilinen şeyi benliğinize doğru geri getirmek, isimlendirilemez olan üstüne bahse girmektir. Medeniyetten önce, dilden önce, ritüellerden önce bizi çevreleyen geceden geri kalana güvenmek.

Travma ve Yaratım

Yumuşaklık, travmatik müdahaleyi yaratıma dönüştüren şeydir. Hayaletlerin musallat olduğu gecede ışık, yas esnasında sevgili bir yüz, sürgünün çöküşünde tutunacak bir kıyı vaadidir. Işık işte öyle girer içeriye, geri dönme arzusundan daha güçlü bir iz bırakarak, melankoli veya feragatin kayıp nesnesinden daha güçlü olarak.

Travmaya yaklaşmak ve gerçekten de etkisinden kurtulabilmek için vücudumuzun yaralandığı yere kadar gidebilmemiz gerekir. Olayın bıraktığı yanığın üzerine başka bir deri dikmeliyiz. Onsuz herhangi bir rahatlığa kavuşmanın mümkün olmadığı *en alt düzeyde* koruyucu bir örtü örmek, zira diğer türlü travma bireyin hayatına musallat olacaktır. Yumuşaklık bu yeniden inşanın koşullarından biridir.

Travma olumsuz bir kendinden geçme halidir. Özne kendisinden sökülüp alınmıştır; benliği artık kontrol altında değildir, başka bir yere taşınmış, kökünden sökülmüştür; bir şey onu ele geçirir ve onu, henüz ne oluşturulduğu ne de inşa edildiği ama çoktan bütünüyle var olduğu o varoluş anına geri götürür. Travma, sürgünü emreden bir saptırmadır. Bunu görmezden gelmek, en radikal feragat planından doğum sonrası depresyonun neden olduğu isteksizliğe kadar tüm depresyonların yolunu açar. İlaçlar yaşama arzusuna, gönül yarasına, mesleki başarısızlık veya yetersizlik hissine yama yapmaktan başka bir işe yaramaz, zira hiçbir şey böyle bir yarayı dikemez. Yaratım dışında hiçbir şey, ki aslında o da yarayı açar açmasına ama en azından daha az hareket eden bir zeminde ve başka bir alanda yapar bunu.

Travmatik acı kesildiğinde yumuşaklık gelebilir. İğfal edilmemiş bir bedenin özgürlüğüne ve esenlik kelimelerine dönüş zaten bir yaratımdır. Arzuların başlangıcındaki, hatta belki de zamanın başlangıcındaki ilkel duyumsamaları yeniden keşfetmektir bu. Travmayı geride bırakmak bizi acının getirdiği kısıtlamalardan kurtarır. Ve ancak bu durumda nekahet, kendi başına bir tür mucize olan ve yalnızca bu sefer tadına varılabilecek bir lezzet sunar.

Sınırlarda

Bir annenin çocuğuna karşı yumuşaklığı vardır; sevgilinin okşamasının, hayvanın yumuşaklığı... bir atmosferin yumuşaklığı ve bir haleti ruhiyenin yumuşaklığı vardır. İncelik, yumuşaklığın bu durumların her birinde bulduğu değerden gelir. Dokunulan, tutulan veya hissedilen şey anın içinde tarif edilmesi zor, fakat gerçeği ışıkla dolduran bir nitelik yayar. Yumuşaklığın icat ettiği şekliyle doğru mesafe, herkese kendi alanında var olma imkânı tanır; zorla girmenin karşıtıdır bu.

Kendini, "yalnız olmak" dediğimiz o inzivanın sınırlarında aramaya, maruz kalınan değil de seçilmiş bir hayatın başlangıcına giden yabani tarafımızı nasıl adlandırmalı...?

Yumuşaklığın Gizliliği

Biraz derin olan her tensel yumuşaklığın altında bir tehlikenin sürekliliği yatar.
Proust

Usulca geçmek. Pelerinin altında. Görünmezdir, yumuşaklık kendini unutulmaya bırakır. Bir kalp atışı kadar belli belirsiz ve yaşamsal.

Fark edilmeden ayrılmak. Tüymek. Yumuşaklık sırla bazı seçkin yakınlıklar içindedir. Âşıklar gecesinin tarafındadır o, radarlardan kaçmalarına yardım eder.

Kimseden emir almaz; emirler karşısında *erimez.*

Bu dünyadaki hiçbir olay yumuşaklığa yabancı değildir; çünkü yumuşaklık dilin sorumluluğunu taşır. Yumuşaklık olmadan dilin dünyasında varlık yoktur. Çocuk tesiri altında olduğu duyguları kelimelere çevirir. Tekrar eder, anlamsız sesler çıkarır, ekolali yapar. Bu gezegendeki neredeyse bütün çocukların ağzından çıkan ilk kelime "mama"dır [anne]; onlara yumuşaklığı çağrıştırır bu kelime. En başta, fısıltı kadar okşayıcı bir dil aracılığıyla tanıştırılırlar dünyayla. Uyanıklık ve rüya arasında, dünya o ilk kelimelerde terennüm edilir ve yumuşakça oturur yerine.

Örtük şekilde ilerleyen gizli figür. Yumuşaklık hukuk metninden usulca geçip onun tüm yapısını geçersiz kılan anarşist bir fikirdir.

Gözetleme artık rutin bir hal aldı. Eylemlerimiz, hareketlerimiz, telefon konuşmalarımız, isteklerimiz, arkadaşlarımız, hepsinin kaydı tutuluyor. Gözetleme yumuşaklığı süt gibi "ekşitiyor".

Yumuşaklık saklanmış, pusuda bekliyor. Freud, ömrünün sonlarına doğru, ölüm dürtüsünün kurucu olduğu fikrini ortaya attı. İnsani bağlılık çizgisinin altı: Nefret. Topluca ve bireysel olarak, travmatik bir tarihin hayatta kalanlarıyız. Nefretin hayatta kalmaya yeteceğini düşünmüyorum.

Yumuşaklık, ekilecek bahçeye gece saatlerinde geldi. Kör karanlık dokunmayı esin veriyor. Ellerin bütünüyle düşünce olduğu yerde yumuşaklık da başlıyor, gizlice.

Hep saklı olan ve açığa çıkarılacağı günü bekleyen bir sır yoktur (çocuk kitaplarında olur bu). Açılmayı bekleyen Pandora'nın kutusu yoktur; sadece yaşamın saf hareketi vardır.

Birdenbire bir tilki belirir. Sabah ışığında turkuaz sudan içmeye gelmiştir. Hayvan karşı kıyıya yönelir ve ortadan kaybolur. Okaliptüs ağaçlarından buruşuk yaprak ve mandalina kokusu yayılır. Vahşi hayvanın fark edilemez mevcudiyetinde daha önce hiç yakalanamamış bir yumuşaklık parıltısı bulunur.

Erotiklik daha önce hiç çalınmamış bir müziğin icadıdır. Erotiklikte ritüele, ayine ait olan şey paradoksal olarak gizlidir. Vahşiliğin, ısırmanın, hatta kimi zaman arzulandığında vahşiliğin bile, insan dünyasıyla bu yeniden başlayan tezahüründe yumuşaklık vardır. Ritüel kendi başına zaten örtük ve özgür olan, gizli bir tanınmayı ifade eder.

Duyusal Şölen (IV)

Eğimli arazide hafif uzamış çimenler, kış ışığında kurumuş gül ağaçları. Her gün aşağı yukarı aynı saatlerde ortaya çıkan bir nar bülbülü yuvasını gül ağacına kurdu. Şeylere çok fazla dikkat sarf etmemeliyiz, sadece ara sıra hayati bir dengesizlikleri var mı diye bakarız, sonrasında onlar yumuşakça bir sır çıkarıverirler açığa.

Doğa her şeyi hafızada tutsa da yansıtmadığı her şeyin —ışığın, gecenin, soğuğun, karın— içinden geçmesine izin veren yarı saydam, fakat yine de mutlak bir mevcudiyettir. Kış sahilinin soğuk kumu, kısa keskin dalgalar; gülerek voleybol oynayan, saçları uçuşan dört kız; bütün yaşamları burada yuvalanmış, bedenlerinde toplanmış, dokunulmamış. Bunu bilmeden. Parmaklarının arasından kayan kum; denizin parlattığı ve yıprattığı küçük cam parçaları, onları toplayan elin dokunuşuna kayıtsız. Bir önceki geceden ve eski zamanlardan kalma, hâlâ soğuk olan kum; görünüşe bakılırsa ölümden habersiz, taşların, ışığın, çocukların yavaş yavaş kaybolan seslerinin altına gömülmüş.

Kar, akşam güneşiyle yumuşaklığa dönüşür.

Kayısı renginde bir hırka, duyusal olanın nişanesi; çocuğun fetişizmi.

Beyaz gök, hiçbir yerinde en ufak bir gölge bile yok. Karda dönen açık kollar. Aşağısı ya da yukarısı kalmamış artık. İnce, parçalı ışık kıymıkları.

Bir koku, bir an. Meraklı bir çocuğun aralık bıraktığı banyo dolabı. Devrilmiş bir şişe. Tarçın, amber ve bir başka şey; böyle bir hatıradan kimse sağ çıkmıyor. Bir kokunun aniden mevcut kıldığı bütün olası hayatları düşünürsün. Yuvarlak, hassas. Koku şeylere çizgilerini geri verir; çünkü şeyler yalnızca bu renksiz yoğunlukla var olurlar. Hepsi bir arada; bir teni, bir atmosferi anımsatan koku; hafızada bulunan ve bize ait olmadan bizde hareket eden şeyi serbest bırakan koku.

Yumuşaklığın düşünceyle hayret verici bir bağlantısı vardır.

Kozmonotların, kuyruklu yıldızların onunla paylaştığı bir hafiflik duygusu. Yumuşaklık cildi cilt olmaktan azat eder, yankılanmaz, içine karışıp kaybolur, manzaranın çizgilerinin etrafında kıvrılıp durur; hiçbir şeyin tadını kaçırmaz, şeylere yer verir ve gölgelerin ağırlığını götürür.

Yumuşaklık sürgünlerin seslerinin içine gizlenir; orada geçişinin bir yankısını ve ses aralığındaki kavranamaz hafifliği bulur.

Dünyayı yumuşakça tecrübe etmek, duyularımız hanımışçasına.

Kaygı bedene, yumuşaklık onu terk ettiğinde gelir.

Yumuşaklığın eksik olduğu, umutsuzca açık, susuz göklerden konuşmalıyız. Göklerle karşılaştırılabilir ruh hallerimizden... İçimize sürgün edildiğimizde, hiçbir şey bize dokunmuyormuş gibi gözükürken...

Yumuşaklık bir sükûnettir. Fırtınanın kalbinden, fırtınanın zincirinden boşanmış kuvvetine tanıklık ederek ama kendisi bundan etkilenmeden yayılır. Sükûnet en yüksek güçtür.

Görünmez bir satranç tahtası üzerindeki atlar gibi İsa'nın doğumunu simgeleyen figürleri yerde hareket ettiren küçük kızla oynarsın. Koyun, keçi, yemlik, bilge adam. Bize ait bir gökyüzünde bir dolu takımyıldızı. Çocukla paylaşılan bu zaman sonsuzca kıymetlidir. Benliğin içinde bir düşünce ve dünya yaratır; beklentimizin bu gölgesini başka bir yere, korunaklı bir yere koyar. Yumuşaklık, mavi-beyaz alçıdan güvercini tutan, onu kurdelenin (kurdele nehirdir, üzerinde seramik köprü vardır ve onun üstünde de köprüyü geçmekte olan ama hareketsiz bir kadın çoban durur) kenarına koyup çok hafif hareket ettirerek ne olacağını görmeye çalışan çocuğun el hareketidir. Bu zaman, yalnızca bir arada olma zamanıdır.

Hastalığın ve nekahetin yumuşaklığı, sonsuzca esneyen zamanın yumuşaklığı, ateşin getirdiği gerçek dışı hisle sınırsızlaştırılmış zamanın yumuşaklığı. Gerçekliğin çizgileri solar; benlikteki dünyanın çok hafif bir tortusu gibi saf varoluş hissi kalır bize.

Çocukluk

Yumuşaklığın çocuklukla ortak yanı, yaşanmış olayların çoğundan daha fazla iz bırakmadan geçmişe nüfuz etme yeteneğidir.

Yumuşaklık çocukluğa aittir; onun gizli adıdır. Çocuğun tadarak ve araştırarak keşfettiği zevk, onun gizli bağlanmalarının haznesi olacak bir dünya deneyimidir. Dünya, çocuğun bir gün dönüşeceği yetişkin için dil değiştirmeyecektir. Suyun kenarında bir öğleden sonrasının enfes yumuşaklığı, benzer ışık altındaki her deneyimde sonsuza dek sarmalanmıştır. Çocukluğumuzda yumuşaklık olmadan hayatta kalamazdık; çünkü çocukluğa dair her şey o kadar çıplak, o kadar keskin ve bir bakıma şiddetli ve hamdır ki, yumuşaklık çocukluğun mutlak önkoşuludur.

Hayatı bilinçli olarak ikinci kez seçmeden çocukluğumuzdan kurtulamayız. Doğmuş olmak yeterli değildir. Çocukluğun sevinçleri, beklentileri, dertleri, tüm varoluşumuzun "oradalığını" belirleyecek bir yoğunlukta bizi oluşturan olaylardır. Bu anlamda çocukluk tamamen "travmatik"tir; trajik olduğu için değil, içimizdeki psikolojik alemlere öncelikle algı ve duyarlık yoluyla ulaştığı için. Hiçbir tortu kalmadan tamamen orada olmak nadirdir ve dağınık, parçalanmış benliğimiz zamanla onu geride bıraktıkça, kendimize olan yokluğumuz kural haline geldikçe, o da daha da nadir bir hal almaktadır.

Yumuşaklık yaşam imkânıyla birlikte gelir; duyguları, sesleri ve düşünceleri filtreleyen rahim mahfazasıyla; amniyotik sıvıyla cildin diğer tarafına dokunarak; henüz göremeyen kapalı gözlerle; havanın saldırganlığından hâlâ korunan nefes alıp vermeyle. Bu ilk dokunuşun yumuşaklığı olmasaydı dünyada olamazdık. Yumuşaklığın dokunuşu kuşkusuz her bir hücremizde bizi annemizin kollarından çok önce sallayan bu kayıp dünyaya, imkânsız bir şekilde, geri dönmeye çağırarak uyuyor. Çocukluk dünyası yumuşaklığı uzatır; bu yüzden uyuyan küçük çocuk imgesi evrensel yumuşaklık imgelerinden biridir: Masumiyet halesi ve beden ile cildin sonsuzluğu, güven ve bu bedenin gösterdiği tam teslimiyet, geldiğimiz yere ait ilksel teslimiyeti hatırlatmaktadır sanki.

Melankolinin Yumuşaklığı

Ama melankolide ölümcül bir yumuşaklığın cazibesi de yok mudur?

Kaygı, melodisi derece derece içeri sızan ve diğer bütün sesleri bastıran küçük bir müzik gibi doğar. Ona niteliğini veren rahatsız edici intizamı (günün veya gecenin aynı saatleri), acı bizi ele geçirdiğinde, rasyonel olarak yaklaşamayacağımız mutlak bir yabanıllık mekânını canlandırır. Kaygı evcilleştirilemeyecektir. Alanı istila eder ve tüm tanışıklığı imkânsız kılar; ufkun nasıl açılabildiğini görmeyiz artık, yalnızca kapalı çizgisidir gördüğümüz. Kaygı bir ölüm tehdididir, özellikle de onu ölümlü olmanın ve böylelikle geçici olmanın bir parçası olarak kabul etmek zorunda olduğumuz zamanlarda; —bu dünyaya ait olmayan bir konar göçerlik—. Kaygı, uzay ve zamanda ufak bir nizamsızlık yaratır, bu da bizi apansızın, eksiksiz bir dağınıklığa bırakır. Beden kendini düğümler. İşte o zaman her şeyin boş olabileceği, oynanacak herhangi bir rolün kalmadığı, dama tahtasında artık herhangi bir açılış olmayacağı fikri gelir.

Artık kimsenin bize gelmeyeceği, bu yalnızlığın üzerimize yapışmasından asla kurtulamayacağımız hissine kapıldığımız zaman yine de kollarımızı uzatacak, öpecek, sevecek gücü bulmamız gerekir: Söylemek, yeniden başlamak, sizi başlangıçlarınızdan çok daha öncesinden çağıran bu yaban sesin fısıltısını duymak.

Sıradan melankoli hasara yol açar. Başlangıcında üzerine giydiği ölümcül rengi duyurmaz; yapmacık bir gülüş edinir, mahzunlukmuş gibi davranır... sonra boşluk, sonra tükeniş ve en sonunda ölümün cazibesi belirdiğinde, kimse ne bir şey görmüş ne de anlamıştır. Böyle yalnız bırakılmışızdır. İlaçlar, doktorlar, endişeli aile, hep aynı hikâye: "Kendini toplamalısın." Melankolik kişi kayıp nesnesini sonuna kadar yanında ister, bu ilelebet paslı kalacak, harap edici ölümü sürdürür. Melankolik kişi onu yalayıp yutmak, lime lime etmek, kendi zevki için kullanmak ister. Bir anlamda kişi yeniden sağlığa kavuşmak için hastalığı tahrik etmek zorundadır.

Yumuşaklık bazen en kötüye razı gelme kararını işler. Mesela, yas tutmayı. İçimizde bulunduğu kadar kaybolana, mevcut olmayana da ait olan bu zamana sığmaz hüzün, bedenin içine ve boğazın boşluğuna dolanmış, onunla iç içe geçmiştir. Melankoliden geçmek mümkün müdür? Freud, "Nesnenin gölgesi egonun üzerine düşmüştür," diye yazar. Yumuşaklık ölümcül olabilir mi? Evet, melankolide olabildiği gibi uykuda, suda, karda ve kendini tamamıyla kaybetmeye varana kadar. Kopukluk, topyekûn kopma yanılsaması.

Dolce Vita

Var olmanın hissi tatlıdır, zira başkasının kökensel eş-mevcudiyetini ima eder. Yaşamak, var olmak, var olduğunu hissetmek ve bu hissi başkalarıyla paylaşmak bu eş-mevcudiyet alanında bir ve aynı şeydir.
G. Agamben

Yaşamak her zaman tatlı, yumuşak değildir. Fakat canlı olma hissi yumuşaklığı çağırır.

Anita Ekberg'in Trevi Çeşmesi'ne[19] tamamen giyinik olarak girerken hem bize hem şaşkın bir adama ait bakışlar tarafından izlendiği imge, bizi yumuşaklığa, ama aynı zamanda deliliğe, dans eden özgürlüğe ve duyusallığa davet eden yaşamın imgesi kadar hafızalara kazınmıştır.

19. Federico Fellini, *La Dolce Vita*, Fransız-İtalyan ortak yapımı, 1960. -yhn

Tatlı hayatta vücutla aynı ısıda, ne çok sıcak ne de çok soğuk olan ılıman bir hava vardır. Tarih boyunca böyle iklimler olageldi.

Tatlı hayat Rönesans'a damgasını vurdu ve zirvesine on sekizinci yüzyıldaki sohbet sanatı, fikirlerin paylaşılması, tensel kutlamaların sırrı ve özgürlük arzusuyla erişti. Erotik ve kuramsallaştırılmış bedenle dost olmanın, dünya hakkında düşünmenin bir yoluydu bu; bir bahçe, mimari, ışık sanatıydı. Büyülenmek sadece bir fantezi değil, aynı zamanda gerçekliği deneyimlemenin bir yoluydu.

Tatlı hayat her çağda belirli insanların veya belirli toplulukların yaşam tarzlarında somutlaşır, ancak çoğu zaman gizlilikle yapar bunu. Tatlı hayata hak ettiği nezaket gösterilmez; çünkü tatlı hayat, karşı konulamaz bir şekilde kurallar, yükümlülükler ve dayatılan yargıların dışında kendini riske atan şeylere doğru çekilir. Tatlı hayat, yaşam ilkesinin kendi kendini zorunlu kılmadığı şeye hürmet göstermektir.

Yeni dil biçimleri, yeni sevgi biçimleri dünyayla ilişkimizi yenilediğinde, örneğin sinemada, resimde, âdetlerde ve savaş arası dönem edebiyatında, hayatın tatlılığı bu yeni ilişkinin özel ve gizli mayası haline gelir.

Tatlı hayat bir zarafet hali mi yoksa sürekli dağılmanın meyvesi mi? Yoksa özgürlüğün gizli sarkacı olduğu uzun, yavaş bir başkalaşımın görünür anı mı? Böyle bir değerlendirme yapmak için kendimizi ne kadar uzağa yerleştirmeliyiz? Tatlı yaşama hiç ulaşabilir miyiz, yoksa tek seçeneğimiz hınç (yine Nietzsche), keder, kimlik krizi ve ortaya çıkan tüm korku biçimlerinden birinde yaşayarak kristalize olmaya direnmek midir? Çağımız, yumuşaklığın gücünün bize sunduğu şeye —sadece benliğe yönelik ima ettiği nezaket olasılığına değil, aynı zamanda onu canlandıran manevi ve tensel hamle olasılığına da— nasıl uyum sağlayabilir?

Yumuşak Bir Devrim

Nomen dulce libertatis — Hürriyetin
(Özgürlüğün) *o tatlı ismi.*
Cicero

Bazen kazara bir devrim olur. Bir ekstrem yumuşaklık etkisi, diğer anlardan zorlukla ayırt edilebilir ve sonra yaşam aniden ateş alır, alevlenir. Ama anlaşılmaz bir yumuşaklıkla yanar. Sanki aniden bir el uçurumun kenarında sizi tutmuş ve uçurumun kenarında yalnızca yürümemiş, dans etmek zorunda da kalmışsınızdır ve evet sanki uzam sizin içinize sığınmışçasına korku veya baş dönmesi olmadan dans etmişsinizdir. Daha sonra, öteki yakaya ulaştığınızda, sanki her şey değişmiş fakat hiçbir şiddet patlak vermemiştir. İçsel devrim de bu türden midir? Onu düşünmeyi, yazıya dökmeyi, yakalamayı bu kadar zorlaştıran şey budur. Günlerin, tutumların, kelimelerin tekrarında ve usandırana kadar yüzlerce kez seyahat edilen bir mekânda sizi beklenmedik bir yüksekliğe götüren bir sarmal, bilinmedik bir yola çıkaran bir dikeylik, hava ihtiyacı doğuran bir irtifadır o.

Yumuşaklık sarmal suretinde bir gelecek icat eden kendine dönüştür. Açık bir devrim. Kierkegaard'ın kastettiği anlamda bir "tekrar": Beklenmedik olana doğru olası bir açılış umuduyla geçmişi yeniden canlandırmak. Kişi bilinçdışıyla iş yapmaya inanıyorsa, kendine dönmek sadece hatırlamak anlamına gelmez. Çünkü hafıza henüz belirsiz bir şimdiki benlik formunda var olmayan geçmiş bir "benle" ilgilidir. Tekrar Nietzsche'nin *amor fati*'si gibi, geçmişe izin verilmiş bir dönüş olacak ve bu rızayla gizli gücünün kapsamını bulacaktır. Kendini anlamak veya duymak tesirsiz değildir. Yumuşaklık bastırılmış, geçmişe sürgün edilmiş ve böylece müsamahayla "tekrar edilmiş" olan şeyle bu uzlaşmanın isimlerinden biridir ve vicdanen orada olduğumuzu kabul etmeye götüren cesarettir.

Yumuşaklık bize, bizdeki bu yabancıya yardım eli uzatmaya izin verendir. Şairin topladığı ve canlandırdığı sestir. Yaban dünyanın parçası gibi oraya yerleştirilmiştir. Onu içimizde barındırdığımızdan, yabancının zorla girişinin birkaç anını bile evcilleştirmek çokça yumuşaklık gerektirir. Delilik (bugün psikoz diyoruz), egemen olmaya başlayan bu başkalığın süresi uzatılmış pususudur. Bazen nesillerce sürdürülmüş yalanlardan kaçmak için delirir insan.

Birinci Dünya Savaşı esnasında genç bir İtalyan orduya alınır. Yol arkadaşlarıyla aylarca dağlarda saklanmışlardır. Neredeyse hiç erzakları kalmamıştır. Emir, her ahval ve şeraitte dağ geçidinin müdafaasıdır. Diğerlerinden saklamaya çalıştığı bir absürtlük hissi eşliğinde, günlük tutar. Bir gece, dar vadiyi ayıran uçurumun öbür tarafındaki geçitte taburların hareket ettiğini fark eder ve her şeyi kaybettiklerini düşünür. Taarruz ertesi gün yapılacaktır, bu kesindir; üstelik yeterli mühimmatları da yoktur. O gece karar verir, arkadaşlarına söylemeden düşman kampının olabildiğince yakınına gidecektir. Yolun yarısında tam geri dönecekken, gramofondan bir şarkı duyar. Şaşakalmıştır. Şarkıdan öylesine etkilenir ki elindeki teslim bayrağıyla açıklıkta görülecek şekilde ileri atılmaya karar verir. Hemen yakalanır, Alman ordusunun kumandanına getirilir. Şarkı hâlâ çalmaktadır. Her ikisi de bu tekdüze şarkıyı bilmektedir. Kayıttan yükselen seste olağanüstü bir yumuşaklık vardır. Alman kumandan tüm gece bu adamla konuşur. İtalyan asker son bir şans için eteğindeki bütün taşları döker; taburunun konumunu —bu kesin ölüm demektir— açıklar ve oradan çıkabilmeleri ihtimalini tamamıyla kumandanın kararına bırakır. Alman kumandan sabah onu salar ve taarruzu düzenlemez. Başka bir vadiye yönelerek geri çekilip kaçmaları için onlara zaman verir. Bu bir yumuşaklık hikâyesidir.